·最新财会系列丛书·

银行会计（第四版）习题与解答

YINHANG KUAI JI (DISIBAN)
XITI YU JIEDA

丁元霖　主编

立信会计出版社
LIXIN ACCOUNTING PUBLISHING HOUSE

图书在版编目(CIP)数据

银行会计(第四版)习题与解答/丁元霖主编. —4 版.
—上海:立信会计出版社,2014.11
(最新财会系列丛书)
ISBN 978-7-5429-4419-1

Ⅰ. ① 银… Ⅱ. ① 丁… Ⅲ. ① 商业银行—银行会计
—题解 Ⅳ. ① F830.42-44

中国版本图书馆 CIP 数据核字(2014)第 266266 号

策划编辑	蔡莉萍
责任编辑	蔡莉萍
封面设计	周崇文

银行会计(第四版)习题与解答

出版发行	立信会计出版社		
地　　址	上海市中山西路 2230 号	邮政编码	200235
电　　话	(021)64411389	传　真	(021)64411325
网　　址	www.lixinaph.com	电子邮箱	lxaph@sh163.net
网上书店	www.shlx.net	电　话	(021)64411071
经　　销	各地新华书店		

印　　刷	常熟市梅李印刷有限公司	
开　　本	710 毫米×960 毫米	1/16
印　　张	14.75	
字　　数	275 千字	
版　　次	2014 年 11 月第 4 版	
印　　次	2015 年 5 月第 2 次	
印　　数	3 101—6200	
书　　号	ISBN 978-7-5429-4419-1/F	
定　　价	28.00 元	

如有印订差错,请与本社联系调换

第四版前言

本书自 2004 年初版以来,承蒙广大读者厚爱,已出了三版印刷了 6 次,印数达 1.81 万册。

《银行会计》(第三版)一书面世已 3 年有余,内容有了更新。为了体现教材的先进性,我们对该书再次进行了修订,出了第四版。本书作为《银行会计》一书的配套教材也相应进行了修订,以体现内容的先进性。由于我们水平有限,疏漏之处在所难免,恳请广大读者批评指正。

本书习题部分由丁元霖、刘芳源、励丹、刘骥、丁辰、潘桂群、朱建华、傅秋菊、吴峥负责修订。本书习题解答部分由丁元霖、刘芳源、刘骥、杨炜之、潘桂群负责修订。全书由丁元霖主编并定稿。

编 者
2014 年秋

初 版 前 言

为了满足教师教学和学员学习的需要,按照高等财经院校银行会计的教学要求编写了本书。本书是以立信会计出版社出版的《银行会计》中所附的思考题和习题为基础改编而成的。

本书习题部分的题型分为思考题、名词解释题、判断题和练习题。判断题又分为是非题、单项选择题和多项选择题。练习题又分为分录题、计算题和编表题,最后为测试题。这样安排既有利于教师根据不同层次教学进程的需要选用,又有利于学员加深理解、巩固和融会贯通,且便于学员自测。

通过这些习题的练习,可以使学员较好地掌握银行会计的理论知识和核算方法,有利于学员基本技能的训练、培养和提高学员的动手能力和分析问题、解决问题的能力。

本书是按照《银行会计》中各章的顺序编写而成的,练习题均是该书各章所附有的,如采用其他银行会计教材,则本书习题的习作顺序可自行安排选用。

本书习题部分,第一章至第六章,第十一章至第十五章由丁元霖、刘芳源、潘桂群、丁辰、吴峥和傅秋菊编写;第七章至第十章由励丹、朱建华编写;测试题由丁元霖编写。

本书习题解答部分,第一章由丁元霖编写,第二章至第四章、第六章、第十一章至第十四章由刘骥编写,第五章、第七章至第十章、第十五章由王铭敏编写,测试题由丁元霖编写。

全书由丁元霖主编并审阅定稿。因水平有限,疏漏之处在所难免,恳请广大读者批评指正。

编　　者

目　录

习　题

习 题 解 答

习 题

第一章 总 论

判 断 题

一、是非题

1. 商业银行是指从事存、贷款业务,办理国内、国际结算和外汇买卖等业务的金融机构。（　　）

2. 银行会计的监督职能是指控制和规范银行经济活动的运行,使其达到预定的目标。（　　）

3. 会计核算和会计监督这两大基本职能是相辅相成的。会计监督是会计核算的基础,而会计核算则是会计监督的继续。（　　）

4. 银行会计的对象是指银行会计反映和监督的内容,也就是银行的各项经济业务活动。（　　）

5. 中国人民银行实行独立的预算管理制度,而商业银行实行金融企业会计管理制度。（　　）

6. 会计人员的权限是有权要求本单位各部门、人员遵守会计法规,有权参与重要的经济决策和有权监督经济活动。（　　）

7. 谨慎性是指企业对交易或者事项进行会计确认、计量和报告应当保持应有的谨慎,不应低估资产或者收益、高估负债或者费用。（　　）

二、单项选择题

1. 银行会计是一种对银行的经济活动进行控制、分析、预测和决策的_____。

　A. 经济活动　　　　　　　　　　B. 经济管理活动

　C. 经济监督活动　　　　　　　　D. 经济核算和经济监督活动

2. 内部账务部门的_____负有监督各部门明细核算的职责。

　A. 账务组　　　　B. 事后监督组　　　C. 综合核算组　　　D. 联行组

3. 可理解性是指企业提供的_____应当清晰明了,便于财务报告使用者理解和使用。

A. 会计资料　　　B. 会计记录　　　C. 会计信息　　　D. 财务报告

4. _____是指企业提供的会计信息应当与财务报告使用者的经济决策需要相关,有助于财务报告使用者对企业过去、现在或者未来的情况作出评价或者预测。

A. 可靠性　　　B. 可比性　　　C. 重要性　　　D. 相关性

三、多项选择题

1. 银行会计的核算职能是指将银行已经发生的个别的、大量的经济业务通过记录、_____和报告,转化为全面、连续、系统的会计信息。

A. 确认　　　B. 审核　　　C. 计量　　　D. 汇总

2. 银行会计的特点有会计核算与业务活动的融合性、_____。

A. 内部管理机制严密化　　　　　B. 广泛的社会性

C. 会计处理的及时性　　　　　　D. 会计核算的准确性

3. 柜面劳动组织有_____。

A. 柜员制　　　　　　　　　　　B. 营业专柜制

C. 柜员与会计结合制　　　　　　D. 柜员与操作员结合制

4. 会计人员的职责有_____。

A. 进行会计核算

B. 实行会计监督

C. 编制财务报告

D. 编制各项财务预算,考核和分析其执行情况

5. 会计基本假设包括_____。

A. 会计主体　　　B. 持续经营　　　C. 会计分期　　　D. 货币计量

第二章 银行会计的基础知识

判 断 题

一、是非题

1. 资产是指过去的交易或者事项形成的、由企业拥有或者控制的经济资源。
（   ）

2. 所有者权益是指企业资产扣除负债后由所有者享有的剩余权益。（   ）

3. "资产＝负债＋所有者权益"这一会计等式反映了在某一时期资产与负债和所有者权益之间的恒等关系。
（   ）

4. "利润＝收入－费用"这一会计等式是编制利润表的理论依据。（   ）

5. 资金是指企业所有的各种财产物资的货币表现。（   ）

6. 资产反映了资金被运用分布的状态,权益反映了资金的来源,两者之间存在相互依存、相互制约的关系。
（   ）

7. 反映利润的指标有营业利润、利润总额和净利润。（   ）

8. 银行必须根据财政部制定的会计科目进行会计核算。（   ）

9. 明细分类科目按照其经济内容不同,又可分为子目和细目。（   ）

10. 会计科目是账户名称,账户是按照会计科目设置的。（   ）

11. 外来原始凭证是由外部单位填制的,而自制原始凭证则是由银行财会人员填制的。
（   ）

12. 记账凭证按其填制的方式不同,可分为基本记账凭证和特定记账凭证两种。
（   ）

13. 基本记账凭证是指银行根据原始凭证或业务事实自行编制的记账凭证。
（   ）

14. 现金收入业务必须"先收款,后记账",以防止差错,保证账款一致。
（   ）

15. 现金付出业务必须"先付款,后记账",以保护银行资金的安全。（   ）

16. 银行通过登记账簿以全面反映其经济活动状态。（   ）

17. 会计账簿按用途不同,可分为日记账簿、分类账簿和登记账簿。（   ）

18. 记账以前发现记账凭证中应借应贷的会计科目正确,而所记金额大于应记金额,应采用红字冲账法。   (   )

19. 在账务处理程序中,记账方法是核心。   (   )

20. 科目日结单账务处理程序的特点是:每日根据记账凭证编制科目日结单,然后再根据科目日结单登记总分类账。   (   )

二、单项选择题

1. 下列项目中,构成利润表的会计要素是_____。
   A. 资产   B. 所有者权益
   C. 费用   D. 负债

2. _____的等式是复式记账和编制资产负债表的理论基础。
   A. 资产＝权益   B. 资产＝负债＋所有者权益
   C. 收入－费用＝利润   D. 资产－负债＝所有者权益

3. 对会计要素按其经济内容或用途所进行分类的项目称为_____。
   A. 账户   B. 会计科目
   C. 会计项目   D. 记账项目

4. 账户分为借、贷两方,在哪一方登记增加数,哪一方登记减少数,应取决于_____。
   A. 账户的性质   B. 记账方法
   C. 记账规律   D. 账户的性质和记账方法

5. 负债账户的借方、贷方和余额的方向分别为_____。
   A. 增加、减少、借方   B. 减少、增加、贷方
   C. 减少、增加、借方   D. 增加、减少、贷方

6. _____采用复式记账凭证形式。
   A. 表外科目收付凭证   B. 特种转账凭证
   C. 现金收付凭证   D. 转账凭证

7. 设置借方、贷方、余额和积数四栏金额,适用于在账页上加计计息积数的账户是_____。
   A. 甲种账   B. 乙种账
   C. 丙种账   D. 丁种账

8. 现金库存簿属于_____。
   A. 日记账簿   B. 分类账簿
   C. 明细分类账簿   D. 登记账簿

三、多项选择题

1. 设置会计科目是填制记账凭证、_____等会计核算方法的基础。

A. 审核原始凭证　　　　　　　　　　B. 登记账簿

C. 编制财务报告　　　　　　　　　　D. 正确运用复式记账

2. 银行业会计科目按照其反映的经济内容不同,可以分为资产类、负债类、所有者权益类、成本类和_____。

A. 损益类　　　　　　　　　　　　　B. 收入类

C. 费用类　　　　　　　　　　　　　D. 共同类

3. 采用借贷记账法时,账户的贷方登记_____。

A. 资产的减少　　　　　　　　　　　B. 费用的减少

C. 收入的增加　　　　　　　　　　　D. 负债和所有者权益的增加

4. 借贷记账法的特点有:以“借”、“贷”作为记账符号、_____等。

A. 以“有借必有贷,借贷必相等”作为记账规律

B. 以全部账户的借、贷双方总额相等作为试算平衡的依据

C. 可以设置和运用共同性的账户

D. 账户的对应关系清楚

5. 银行会计凭证的作用主要有_____。

A. 保证了记录经济业务的合法性与合理性

B. 保证了会计记录的真实性和正确性

C. 为事后查考提供依据

D. 加强经济责任制

6. 记账凭证按使用的范围不同分类,可分为_____。

A. 特定记账凭证　　　　　　　　　　B. 现金收付凭证

C. 转账凭证　　　　　　　　　　　　D. 基本记账凭证

7. 会计凭证审查的内容有_____。

A. 审查凭证的真实性　　　　　　　　B. 审查凭证的正确性和完整性

C. 审查凭证的合法性和合理性　　　　D. 审查凭证的受理资格

8. 记账凭证的填制要求有:经济业务必须记录明确、会计科目必须正确运用、_____。

A. 必须连续编号　　　　　　　　　　B. 附件数量必须完整

C. 内容必须填写完整　　　　　　　　D. 必须及时填制

练习题一　练习会计等式的平衡关系

一、资料

1. 中国工商银行东城支行 2014 年 1 月 1 日资产、负债和所有者权益各项目的余额如图表习题 2-1 所示。

图表习题 2-1

资产、负债和所有者权益各项目余额表

单位：元

资　产　项　目	金　　额	负债和所有者权益项目	金　　额
库存现金	125 600	吸收活期存款	789 800
存放中央银行款项	279 800	吸收定期存款	375 600
存放同业	204 400	吸收活期储蓄存款	112 200
短期贷款	889 200	吸收定期储蓄存款	156 000
中长期贷款	355 000	同业存放	316 400
固定资产	141 000	实收资本	245 000
合　　　计	1 995 000	合　　　计	1 995 000

2. 1月上旬发生下列经济业务：

（1）收到居民存入活期存款 87 500 元，现金已入库。

（2）借款单位以活期存款 90 000 元归还短期贷款。

（3）收到居民存入定期存款 32 000 元，现金已入库。

（4）向中国人民银行解缴回笼现金 100 000 元。

（5）单位从银行提取现金 5 000 元，付讫。

（6）居民将活期存款 16 000 元转存定期存款。

二、要求　将发生的每一笔经济业务编制一张会计要素增减变动表，并检查其变动结果是否平衡。

练习题二　练习复式记账的方法

一、资料　根据练习题一的资料。

二、要求

1. 根据练习题一"资料 2"，编制会计分录。

2. 根据练习题一"资料 1"，开设账户，根据会计分录登记账户。

3. 根据账户登记的结果，编制"本期发生额及余额试算表"进行试算平衡。

练习题三　练习记账凭证的编制

一、资料　中国工商银行金华支行 3 月 1 日发生下列经济业务：

1. 瑞金商厦在活期存款户存入的销货现金 117 800 元已入库。存款户账号

为110273861272。

2. 居民王伟从账号为110273865421的活期存款户提取现金2 500元。

3. 安泰公司从账号为110273861273的活期存款户提取现金6 000元。

4. 安泰公司将账号为110273862618的定期存款48 000元转存活期存款，账号为110273861273。

5. 居民赵雪将账号为110273865423的活期存款12 000元转存定期存款，账号为110273862812。

6. 安西工厂因托收承付结算货款84 000元，逾期15日。今按每日5‰计算，支付给在工商银行黄浦支行开户的托收方浦江公司赔偿金，安西工厂和浦江公司的账号分别为110273861271和110136781285。

7. 瑞金商厦以账号为110273861272的活期存款80 000元归还短期贷款。

8. 向中国人民银行解缴回笼现金88 000元。

9. 发放给安西工厂短期贷款100 000元，转入其活期存款户，账号为110273861271。

二、要求　编制记账凭证。

练习题四　练习会计账簿的登记

一、资料　中国工商银行金华支行的有关资料如下：

1. 2月28日，各总账账户余额如图表习题2-2所示。

图表习题2-2

2月末总账账户余额表

单位：元

资　　产	金　额	负债和所有者权益	金　额
库存现金	178 880	吸收活期存款	826 600
存放中央银行款项	282 100	吸收定期存款	399 200
存放同业	199 220	吸收活期储蓄存款	155 800
短期贷款	921 000	吸收定期储蓄存款	171 200
中长期贷款	335 000	同业存放	236 200
固定资产	152 800	实收资本	280 000
合　　计	2 069 000	合　　计	2 069 000

2. 2月28日，部分有关明细账户余额如图表习题2-3所示。

图表习题 2-3

2 月末有关明细账户余额表

单位：元

总账账户名称	明细账户名称	账　号	金　额
吸收活期存款	安西工厂 安泰公司 瑞金商厦	110273861271 110273861273 110273861272	3 500 228 000 115 600
吸收活期储蓄存款	王　伟 赵　雪	110273865421 110273865423	25 000 37 500
短期贷款	瑞金商厦	—	80 000

3. 2 月 28 日，有关总账账户资料如图表习题 2-4 所示。

图表习题 2-4

有关总账账户资料

单位：元

账户名称	上年底余额		本年累计发生额	
	借　方	贷　方	借　方	贷　方
吸收活期存款		813 400	285 400	298 600
吸收活期储蓄存款		146 200	123 800	133 400
短期贷款	904 000		356 000	339 000

二、要求

1. 根据"资料 1"开设现金库存簿；根据"资料 2"开设有关的"吸收活期存款（用甲种账格式）"、"吸收活期储蓄存款（用乙种账格式）"和"短期贷款（用丁种账格式）"明细账户；根据"资料 1"、"资料 3"开设总账账户，其中："吸收活期存款"、"吸收活期储蓄存款"和"短期贷款"账户用教材格式，其他账户用 T 形格式。

2. 根据练习题三编制的现金收入传票和现金付出传票，分别登记现金收入日记簿和现金付出日记簿，并根据其结果登记现金库存簿。

3. 根据练习题三编制的记账凭证登记吸收活期存款、吸收活期储蓄存款和短期贷款明细账。

4. 根据练习题三编制的记账凭证编制科目日结单。

5. 根据科目日结单登记总账。

6. 根据总账的余额编制日计表。

练习题五　练习错账的更正

一、资料　工商银行东昌支行发生下列错账：

1. 居民将 20 000 元活期存款转存定期存款，已作下列分录，并已登记入账。

借：吸收定期储蓄存款　　　　　　　　　　　　　　　　20 000.00
　　贷：吸收活期储蓄存款　　　　　　　　　　　　　　　　20 000.00

2. 向中国人民银行解缴回笼现金 89 000 元，已作下列分录，并已登记入账。

借：存放中央银行款项　　　　　　　　　　　　　　　　98 000.00
　　贷：库存现金　　　　　　　　　　　　　　　　　　　　98 000.00

3. 城南商厦从活期存款账户提取现金 4 500 元，已作下列分录，并已登记入账。

借：吸收定期存款　　　　　　　　　　　　　　　　　　5 400.00
　　贷：库存现金　　　　　　　　　　　　　　　　　　　　5 400.00

4. 城南商厦存入的销货现金 76 000 元已入库，已作下列分录，并已登记入账。

借：库存现金　　　　　　　　　　　　　　　　　　　　67 000.00
　　贷：吸收活期存款　　　　　　　　　　　　　　　　　67 000.00

5. 津淀工厂以活期存款 60 000 元归还短期贷款，作分录如下，但未登记入账。

借：吸收活期存款　　　　　　　　　　　　　　　　　　6 000.00
　　贷：短期贷款　　　　　　　　　　　　　　　　　　　　6 000.00

二、要求　采用最适合的方法更正错账。

练习题六　练习科目日结单账务处理程序

一、资料　工商银行常熟支行的有关资料如下：

1. 3 月 31 日，各总账账户余额如图表习题 2-5 所示。

图表习题 2-5

总账账户余额表

单位：元

资　产	金　额	负债和所有者权益	金　额
库存现金	251 200	吸收活期存款	824 900
存放中央银行款项	276 000	吸收定期存款	387 100

（续表）

资　　产	金　额	负债和所有者权益	金　　额
存放同业	219 600	吸收活期储蓄存款	148 600
短期贷款	905 000	吸收定期储蓄存款	189 500
中长期贷款	351 000	同业存放	280 900
固定资产	148 200	实收资本	320 000
合　　计	2 151 000	合　　计	2 151 000

2. 3月31日,有关明细账户余额如图表习题2-6所示。

图表习题2-6

有关明细账户余额表

单位:元

总账账户名称	明细账户名称	账　　　　号	金　　额
吸收活期存款	全泰工厂	110566221234	462 600
	锦龙商厦	110566221235	356 800
	长丰工厂	110566221236	5 500
吸收活期储蓄存款	李　松	110566224321	92 000
	曹　亮	110566224322	56 600

3. 3月31日,有关总账账户资料如图表习题2-7所示。

图表习题2-7

有关总账账户资料

·单位:元

账 户 名 称	上年底余额	本年累计发生额	
	贷　方	借　方	贷　方
吸收活期存款	803 200	434 800	456 500
吸收活期储蓄存款	132 000	190 600	207 200

4. 4月1日发生下列经济业务:

(1) 居民李松从账号为110566224321的活期存款户提取现金10 000元。

(2) 锦龙商厦将账号为110566221235的活期存款60 000元转存定期存款,账号为110566222106。

（3）锦龙商厦在活期存款户存入的销货现金 125 000 元已入库。

（4）全泰工厂以账号为 110566221234 的活期存款 100 000 元归还短期贷款。

（5）向中国人民银行解缴回笼现金 150 000 元。

（6）全泰工厂从活期存款户中提取现金 1 600 元。

（7）长丰工厂因托收承付结算货款 98 000 元，逾期 18 日，今按每日 5‰计算，并支付给在工商银行黄浦支行开户的托收方宏远公司赔偿金，长丰工厂和宏远公司的账号分别为 110566221236 和 110101021564。

（8）发放给长丰工厂短期贷款 120 000 元，转入其活期存款户。

（9）居民曹亮在账号为 110566214322 的活期存款户存入的现金 32 000 元已入库。

（10）居民李松将账号为 110566214321 的活期存款 15 000 元转存定期存款，账号为 110566216158。

二、要求

1. 根据"资料 1"，开设现金库存簿；根据"资料 2"，分别用甲种账、乙种账格式开设"吸收活期存款"、"吸收活期储蓄存款"明细账户；根据"资料 1"、"资料 3"，开设总账账户，其中："吸收活期存款"和"吸收活期储蓄存款"账户用教材格式，其他账户用 T 形格式。

2. 根据"资料 4"，编制记账凭证。

3. 根据编制的现金收入传票、现金付出传票，登记现金收入日记簿和现金付出日记簿，并根据其结果登记现金库存簿。

4. 根据记账凭证登记"吸收活期存款"和"吸收活期储蓄存款"明细账。

5. 根据记账凭证编制科目日结单。

6. 根据科目日结单登记总账。

7. 根据总账的余额编制日计表进行试算平衡。

8. 将现金库存簿、"吸收活期存款"和"吸收活期储蓄存款"明细账的余额与统驭其的总账账户余额相核对。

第三章 存款业务

判 断 题

一、是非题

1. 没有存款,就不能贷款,也就没有银行,因此存款业务始终是最重要、最有意义的经营活动。 （　　）

2. 单位存款按缴存范围的不同,可分为财政性存款和企业存款。 （　　）

3. 银行对个人存款要遵循"存款自愿,取款自由,存款有息"的储蓄原则。 （　　）

4. 活期存款通常采取定期对账的形式。 （　　）

5. 存款单位不能从定期存款账户支取现金,也不能用于结算,只能将其转入活期存款账户,或用于转期续存。 （　　）

6. 单位定期存款起存点为 10 000 元,整存整取定期储蓄存款的起存点为 50 元。 （　　）

7. 结账主要是编制营业汇总日报表。 （　　）

8. 各储蓄网点是办理储蓄业务的基层单位,其账务都是管辖行账务的一个组成部分,均应采取并账方式并入管辖行的账务内。 （　　）

9. 管辖行的事后监督是提高储蓄核算的质量,保护储蓄存款安全的有效手段。 （　　）

二、单项选择题

1. 存款人办理日常转账结算和现金收付的主要账户是_____。

A. 专用存款账户 　　　　B. 一般存款账户

C. 基本存款账户 　　　　D. 临时存款账户

2. 活期存款采用在明细账页上计息形式时,应采用_____。

A. 甲种账 　　　　B. 乙种账

C. 丙种账 　　　　D. 丁种账

3. 储户在存款时约定存款期限,一次存入一定数额的本金,到期一次支取本息的储蓄存款是_____。

A. 整存整取定期储蓄存款　　　　B. 存本取息定期储蓄存款

C. 零存整取定期储蓄存款　　　　D. 整存零取定期储蓄存款

4. 起存点为 1 000 元的是_____。

A. 整存整取定期储蓄存款　　　　B. 存本取息定期储蓄存款

C. 零存整取定期储蓄存款　　　　D. 整存零取定期储蓄存款

三、多项选择题

1. 按存款的对象可分为_____。

A. 单位存款　　　　　　　　　　B. 一般性存款

C. 储蓄存款　　　　　　　　　　D. 财政性存款

2. 银行在办理存款业务核算时应符合_____的要求。

A. 维护存款人的合法权益

B. 先收款后记账

C. 正确、及时地办理存款业务

D. 不得为存款人垫款

3. 单位活期存款账户有临时存款账户、_____。

A. 一般存款账户　　　　　　　　B. 基本存款账户

C. 专用存款账户　　　　　　　　D. 特种存款账户

4. 单位定期存款期限为_____的,应按季度计提利息。

A. 3 个月　　　　　　　　　　　B. 半年

C. 1 年　　　　　　　　　　　　D. 3 年

5. 储蓄业务账务核对的内容有核对现金、_____。

A. 核对本日发生额和余额　　　　B. 核对开销户数

C. 核对结付利息的金额　　　　　D. 核对空白重要凭证的数量

练习题一　练习单位存款业务的核算

一、资料　中国工商银行南市支行发生下列有关的经济业务:

1. 12 月 5 日,收到光明商厦送来的解款单和解缴的现金 129 800 元,清点无误后,予以入账。

2. 12 月 12 日,收到华欣公司送来的解款单和解缴的现金 92 100 元,清点无误后,予以入账。

3. 12 月 15 日,收到光明商厦签发的现金支票,提取现金 18 800 元,审查无误后,当即支付其现金。

4. 12 月 20 日,根据下列计息余额表(见图表习题 3-1)计算并结转本季度应负担的利息。

图表习题 3-1

计息余额表

账户名称：吸收活期存款　　　　2013 年 12 月 20 日　　　　　　　月利率 3‰

户名 账号 金额 日期	光明商厦 110101053882										华欣公司 110101053883										武定工厂 110101053884									
	千	百	十	万	千	百	十	元	角	分	千	百	十	万	千	百	十	元	角	分	千	百	十	万	千	百	十	元	角	分
上月末止累计积数	9	9	7	6	0	0	0	0	0	0	1	4	9	9	2	9	0	0	0	0	9	2	2	7	6	0	0	0	0	0
1		9	9	8	0	0	0	0	0			1	5	0	7	4	0	0	0	0		8	9	8	8	0	0	0	0	
10		1	0	2	6	0	0	0	0			1	5	2	4	0	0	0	0			9	6	7	5	0	0	0	0	
10 日小计	1	0	1	6	6	9	0	0	0	0	1	5	1	1	2	8	0	0	0	0		9	3	9	8	8	0	0	0	0
20		1	1	1	8	4	0	0	0	0		1	5	3	6	9	0	0	0	0		1	0	2	5	6	0	0	0	0
20 日小计	2	0	4	8	6	8	0	0	0	0	3	0	6	0	7	1	0	0	0	0		1	8	9	9	4	0	0	0	0
本月合计	2	0	4	8	6	8	0	0	0	0	3	0	6	0	7	1	0	0	0	0	1	8	9	9	6	4	0	0	0	0
应加积数				3	7	2	0	0	0	0																				
应减积数																									2	4	0	0	0	0
本季累计		3	0	5	0	0	0	0	0	0		4	5	6	0	0	0	0	0	0		2	8	2	0	0	0	0	0	0

5. 12 月 25 日，收到武定工厂签发的转账支票一张，金额为 78 000 元，要求转存 1 年期的定期存款，审查无误后，予以转账。

6. 12 月 28 日，收到光明商厦签发的转账支票一张，金额为 110 000 元，要求转存 1 年期的定期存款，审查无误后，予以转账。

7. 12 月 31 日，本行 1 年期定期存款 10 月份、11 月份、12 月份的期初余额分别为 1 005 000 元、1 017 000 元和 1 026 000 元，年利率为 3‰；3 年期定期存款 10 月份、11 月份、12 月份的期初余额分别为 127 000 元、116 000 元和 132 000 元，年利率为 4.50‰，预提本季度定期存款的利息。

8. 次年 1 月 5 日，收到华欣公司交来本日到期的存单一张，金额为 75 000 元，存期 1 年，年利率为 3‰。要求将支取的本息转入活期存款户，审查无误后，予以转账。

9. 1 月 10 日，收到武定工厂交来本日到期的存单一张，金额 84 000 元，存期 3 年，年利率为 4.50‰。要求将支取的本息转入活期存款户，审查无误后，予以转账。

　　10. 1 月 20 日,收到光明商厦交来过期 15 天的存单一张,金额为96 000元,存期 1 年,年利率为 3％,活期存款年利率为 0.36％。要求将支取的本息转入活期存款户,审查无误后,予以转账。

　　二、要求　编制会计分录。

练习题二　练习个人储蓄存款业务的核算

　　一、资料　工商银行南市支行发生下列有关的经济业务:

　　1. 9 月 5 日,收到方东先生送交开户的储蓄存款凭条,填列活期储蓄,金额为9 000元;并收到其缴存的现金 9 000 元。分别审查、点收无误,现金已入库。

　　2. 9 月 10 日,收到杜萍小姐送交续存的储蓄存款凭条,填列活期存款,金额为12 000元;并收到其缴存的现金 12 000 元。分别审查、点收无误,现金已入库。

　　3. 9 月 15 日,收到张德先生送交的储蓄取款凭条,填列活期存款,金额为3 000元,审查无误后,交付其现金 3 000 元。

　　4. 9 月 20 日,储户杜萍、张德、王云和方东活期储蓄存款的积数分别为9 000 000 元、7 200 000 元、4 800 000 元和 360 000 元,年利率为 3.6‰。提取应付储户活期储蓄存款利息。

　　5. 10 月 31 日,张德先生送交销户的储蓄取款凭条,填列活期储蓄,金额为16 152元,积数为 484 560 元,经审查无误,以现金支付其本金和利息。

　　6. 11 月 1 日,收到田嘉先生送交开户的储蓄存款凭条,填列整存整取储蓄,存期 1 年,金额为 20 000 元,并收到其缴存的现金。分别审查、点收无误,现金已入库。

　　7. 11 月 15 日,收到杜萍小姐交来当日到期的整存整取定期储蓄存单一张,要求支取本息。该存单金额为 18 000 元,存期 1 年,年利率为 3％。审查无误后,以现金支付其本金和利息。

　　8. 11 月 25 日,收到张德先生送交的存本付息储蓄的取款凭条和存本付息定期储蓄存单各一张,存单列明金额 30 000 元,存期 3 年,3 个月付息一次,年利率为3％。审查无误后,以现金支付其利息。

　　9. 12 月 12 日,收到王云小姐交来当日到期的零存整取定期储蓄存折,该存折每月存入 900 元,存期 1 年,年利率为 2.82％,结存金额为 10 800 元。查明明细账卡累计月积数为 70 200 元。审查无误后,以现金支付其本金和利息。

　　10. 12 月 25 日,收到张德先生送交销户的储蓄取款凭条和当日到期的整存零取定期储蓄存单,取款凭条金额为 1 750 元,存单金额为21 000 元,存期 1 年,每月支取一次,每次支取 1 750 元。查明明细账卡累计月积数为 136 500 元,年利率为

2.82%。审查无误后,以现金支付其本金和利息。

11. 12 月 31 日,本行的吸收定期储蓄存款各明细账户的余额和年利率如图表习题 3-2 所示。预提本季度利息。

图表习题 3-2

吸收定期储蓄存款各明细账户余额和年利率

金额单位:元

项　　目	10 月初余额	11 月初余额	12 月初余额	年利率(%)	存期(年)
整存整取储蓄	456 000	474 000	504 000	3	1
整存整取储蓄	235 000	256 000	289 000	4.50	3
存本取息储蓄	72 000	81 000	87 000	3.15	3

12. 12 月 31 日,本行的 1 年期的零存整取定期储蓄存款年利率为 2.82%,累计月积数为 936 000 元;1 年期的整存零取定期储蓄,年利率为 2.82%,本月份的累计月积数为 390 000 元。预提本月份利息。

二、要求　编制会计分录。

第四章　贷款和票据贴现业务

判　断　题

一、是非题

1. 贷款是指银行对借款人提供的按约定的利率还本付息的货币资金。（　　）

2. 担保贷款按担保的方式不同可分为抵押贷款、质押贷款和保证贷款。

（　　）

3. 票据贴现是指贷款人以持票人转让未到期票据的方式发放的贷款。（　　）

4. 如在贷款到期日,借款人未主动归还贷款,而其存款账户中的存款余额又足够还款的,会计部门可填制"贷款收回通知书",收回贷款。（　　）

5. 贷款利息采取定期结息方式应按季计收利息;采取利随本清方式,为了正确反映经营成果,也应按季预计利息入账。（　　）

6. 短期贷款展期不得超过原贷款期限的一半。（　　）

7. 抵押贷款的额度,以抵押物的现值为基数,乘以银行确定的抵押率。

（　　）

8. 抵押贷款逾期后,将抵押品作为抵账资产入账,抵押品的公允价值大于抵押贷款的差额,应作为营业外收入入账。（　　）

9. "抵账资产"账户用以核算银行依法取得并准备按有关规定进行处置的实物和非实物抵债资产的成本。（　　）

10. 票据贴现业务与一般贷款业务相比较,其共同点是:两者均是银行的资产,是借款人的融资方式,银行都要计收利息。（　　）

11. 贷款损失准备资产是指企业承担风险和损失的资产。它包括贷款、信用卡透支、贴现、信用垫款、进出口押汇、委托贷款等。（　　）

12. 债务重组是指在债务人发生财务困难的情况下,债权人按照其与债务人达成的协议或者法院的裁定,作出让步的事项。（　　）

13. 债权人对重组债权的账面余额与受让非现金资产的公允价值之间的差额,应当计入当期损益。（　　）

14. 或有应收金额是指需要根据未来某种事项出现而发生的应收金额。

(　　)

二、单项选择题

1. 以借款人或第三人的财产作为抵押物发放的贷款是_____。

A. 保证贷款　　　B. 担保贷款　　　C. 质押贷款　　　D. 抵押贷款

2. 借款人因故不能按期归还贷款时,短期贷款必须在到期日_____以前,由借款人向信贷部门提交一式三联的"贷款展期申请书",写明展期原因。

A. 10 天　　　　B. 15 天　　　　C. 20 天　　　　D. 1 个月

3. 固定资金抵押贷款的期限最长不得超过_____年。

A. 3　　　　　　B. 5　　　　　　C. 6　　　　　　D. 8

4. 某银行年末"贷款损失准备"账户的期末余额在借方,为 900 元,各贷款账户的余额合计为 7 600 000 元,贷款损失准备率为 1‰,应计提损失准备_____元。

A. 75 100　　　B. 76 900　　　C. 76 000　　　D. －76 900

5. 企业因债务重组取得的或有应收金额应列入_____账户。

A. "其他业务收入"　　　　　　　B. "利息收入"
C. "营业外收入"　　　　　　　　D. "资本公积"

三、多项选择题

1. 按贷款的方式不同可分为_____。

A. 信用贷款　　　B. 票据贴现　　　C. 抵押贷款　　　D. 担保贷款

2. 贷款业务的核算要求做到_____。

A. 正确核算贷款业务

B. 严格贷款的发放手续

C. 监督贷款的使用

D. 监督贷款的收回

3. 会计部门收到"贷款展期申请书"后,应审查展期贷款金额与借款凭证金额是否一致、_____。

A. 展期申请书是否经信贷部门批准并签章

B. 展期是否符合信贷政策规定

C. 展期的期限是否符合规定

D. 展期的利率是否正确

4. 票据贴现业务与一般贷款业务相比,其不同点为_____。

A. 贷款的对象不同　　　　　　　B. 计收利息的时间不同
C. 可以提前收回资金　　　　　　D. 体现的信用关系不同

5. 贷款损失准备应根据借款人的还款能力、贷款本息的偿还情况、_____等因素,分析其风险程度和回收的可能性合理计提。

A. 担保人的支持力度   B. 借款人的信用等级

C. 抵押品的市价   D. 银行内部信贷管理

6. 计提贷款损失资产具体包括贷款、信用卡透支和_____等。

A. 贴现   B. 信用垫款   C. 进出口押汇   D. 委托贷款

7. 债权人出于_____等原因同意债务人修改债务条件。

A. 全额收回债权

B. 最大限度地收回债权

C. 避免因采取立即求偿的措施,致使债权上的损失更大

D. 帮助债务人走出困境

8. 债务重组的方式有以低于债务账面价值的现金清偿债务、_____。

A. 以非现金资产清偿债务   B. 将债务转为资本

C. 修改其他债务条件   D. 多种方式的组合

练习题一 练习信用贷款的核算

一、资料 中国农业银行奉贤支行发生下列有关的经济业务:

1. 1月10日,收到信贷部门转来城中商厦借款凭证一份,准予信用贷款,金额为100 000元,期限1个月,年利率为5.40%。利随本清,审查无误后,予以转账。

2. 1月20日,收到信贷部门转来农户王关林借款凭证一份,准予信用贷款,金额为60 000元,期限为10个月,年利率为6.06%,利随本清。审查无误后,付给现金。

3. 2月10日,收到城中商厦提交的还款凭证一份,金额100 450元,其中:100 000元为归还1个月期限的贷款,450元为支付的贷款利息。审查无误后,予以转账。

4. 3月20日,编制的"短期贷款计息余额表"的本季累计积数中,城中商厦为27 660 000元、城东工厂为36 840 000元、广林公司为59 340 000元,年利率为6.06%,计收本季度利息。

5. 3月20日,计提农户王关林本季度60 000元贷款的利息。

6. 10月20日,城中商厦有一笔1年期的信用贷款90 000元,已到期,但无款归还,予以转账。

7. 10月30日,城中商厦归还逾期10日的贷款90 000元,并按6.60%的逾期贷款年利率计收利息。

8. 11月20日,农户王关林以现金付清今年1月20日所借信用贷款60 000元

的本息。

二、要求 编制会计分录。

练习题二 练习抵押贷款的核算

一、资料 中国工商银行青浦支行发生下列有关的经济业务：

1. 2月20日,收到信贷部门转来湖滨工厂的借款凭证一份及抵押贷款的有关单证,准予贷款 90 000 元,期限半年,年利率为 5.40％。审查无误后,予以转账。

2. 3月15日,广泰公司抵押贷款 720 000 元已逾期 1 个月,结欠贷款利息 5 400元,今将其抵押的仓库一座作为抵债资产入账。该仓库的公允价值为 725 000 元。

3. 3月27日,出售抵债的仓库一座,收到出售收入 770 000 元,出售仓库应缴纳营业税额 38 500 元。

4. 4月20日,长丰工厂抵押贷款 111 000 元已逾期 1 个月,结欠贷款利息 1 800元,今将其抵押的小汽车一辆作为抵债资产入账,该小汽车的公允价值为 112 000 元。

5. 4月25日,今决定将抵债的小汽车转为自用,予以转账。

6. 5月30日,因刘行工厂有一笔 1 年期的抵押贷款 90 000 元已到期,但无款归还,予以转账。

7. 8月20日,收到湖滨工厂提交的还款凭证一份和转账支票一张,还清 90 000元抵押贷款的本金和半年期的利息,其中前 4 个月的利息已预提。

二、要求 编制会计分录。

练习题三 练习票据贴现业务的核算

一、资料 中国工商银行无锡支行发生下列有关的经济业务：

1. 1月15日,收到欣星公司交来贴现凭证和银行承兑汇票各一份,银行承兑汇票由在工商银行绍兴支行开户的鲁镇工厂签发并承兑,金额为 120 000 元,到期日为 4月15日,月贴现率为 4.5‰。审查无误后,予以贴现。

2. 2月10日,收到锡南工厂交来贴现凭证和商业承兑汇票各一份,商业承兑汇票由在工商银行宁波支行开户的西湖公司签发,金额为 108 000 元,到期日为 5月20日,月贴现率为 4.5‰。审查无误后,予以贴现。

3. 3月20日,收到天河工厂交来贴现凭证和商业承兑汇票各一份,商业承兑汇票由在工商银行常州支行开户的东兴工厂签发,金额为 99 000 元,到期日为 7月20日,月贴现率为 4.5‰,审查无误后,予以贴现。

4. 4月15日,收到工商银行绍兴支行划来欣星公司的银行承兑汇票的票款

120 000 元。

5. 5 月 20 日,收到工商银行宁波支行退回的委托收款凭证、商业承兑汇票和由其签发的付款人未付款项通知书。金额为 108 000 元的票款未收到,将锡南工厂贴现的票款从其账户中扣回。

6. 7 月 20 日,收到工商银行常州支行退回的委托收款凭证、商业承兑汇票和由其签发的付款人未付款项通知书。金额为 99 000 元的票款未收到。天河工厂的贴现票款仅从其账户中扣回 69 000 元,不足部分转入逾期贷款。

二、要求　编制会计分录。

练习题四　练习贷款损失准备和坏账准备的核算

一、资料　中国工商银行九江支行发生下列有关的经济业务:

1. 2012 年 12 月 31 日,各有关账户余额为:短期贷款 1 500 000 元、长期贷款 1 200 000 元、抵押贷款 6 900 000 元、贴现资产 300 000 元,贷款损失准备率为 1%,"贷款损失准备"账户为贷方余额 87 000 元,计提本年度贷款损失准备。

2. 2012 年 12 月 31 日,"应收利息"账户余额为 192 000 元,坏账准备率为 2%,"坏账准备——应收利息"账户为贷方余额 1 500 元,计提本年度坏账准备。

3. 2013 年 7 月 15 日,永昌公司因遭受重大水灾,经追偿后仍有 15 000 元逾期贷款和 2 700 元利息无法追回,经上级核准分别作贷款损失和坏账损失处理。

4. 2013 年 7 月 30 日,长阳工厂抵押贷款 144 000 元已逾期 1 个月,结欠贷款利息 1 350 元,今将其抵押品小汽车作为抵债资产入账,该小汽车的公允价值为 142 500 元。

5. 2013 年 10 月 10 日,滨江工厂已破产,经追偿后仍有 6 600 元逾期贷款和 1 200 元利息无法追回。经上级核准,分别作贷款损失和坏账损失处理。

6. 2013 年 12 月 31 日,各有关账户余额为:短期贷款 1 600 000 元、长期贷款 1 000 000 元、抵押贷款 7 200 000 元、贴现资产 400 000 元,计提本年度贷款损失准备。

7. 2013 年 12 月 31 日,"应收利息"账户余额为 198 000 元,坏账准备率为 2%,计提本年度坏账准备。

8. 2014 年 1 月 30 日,永昌公司还来前已核销的逾期贷款 15 000 元和应收利息 2 700 元,予以转账。

二、要求　编制会计分录。

练习题五　练习债务重组的核算

一、资料

1. 中国工商银行天河支行发生下列有关的经济业务:

(1) 2012 年 1 月 5 日,大名工厂因发生财务困难,其已转入逾期贷款的 160 000 元和结欠的贷款利息 6 000 元无法偿还,已分别计提了贷款损失准备 8 000 元和坏账准备 300 元。经双方协议,天河支行同意大名工厂以一辆大客车抵偿本息,该大客车的公允价值为 158 000 元,予以转账。

(2) 2012 年 1 月 12 日,大浦公司因发生财务困难,其已转入逾期贷款的 240 000 元和结欠的贷款利息 10 500 元无法偿还,已分别计提了贷款损失准备 9 600 元和坏账准备 420 元。经双方协议,天河支行同意该公司以其持有的 25 000 股光明股份有限公司的普通股股票抵偿债务,该股票每股市价 9.60 元,另按交易额的 3‰支付佣金,1‰缴纳印花税。今决定将该股票作为交易目的而持有。

(3) 2012 年 1 月 18 日,安远股份有限公司因发生财务困难,其已转入逾期贷款的 280 000 元和结欠的贷款利息 15 000 元无法偿还,已分别计提贷款损失准备 11 200 元和坏账准备 600 元,经双方协议,天河支行同意该公司以其 38 000 股普通股股票抵偿本息,该股票每股市价为 7.60 元,另签发转账支票按交易金额的 3‰支付佣金,1‰缴纳印花税。今天河支行决定将该股票作为长期股权投资入账。

(4) 2012 年 1 月 25 日,金州公司因发生财务困难,其已转入逾期贷款的 200 000元和结欠的贷款利息 10 000 元无法偿还,已分别计提了贷款损失准备 8 000 元和坏账准备 400 元。经双方协议,天河支行同意该公司以一座旧仓库抵偿部分债务,该旧仓库公允价值为 175 000 元,另减免该公司债务 6 000 元,其余债务天河支行同意该公司推迟半年归还。

(5) 2012 年 1 月 31 日,广龙公司因发生财务困难,其已转入逾期贷款的 300 000元和结欠的 2 年期的贷款利息(年利率为 6.6%)无法偿还,已分别计提了贷款损失准备 15 000 元和坏账准备 1 980 元。经双方协议,天河支行同意减免该公司本金 15 000 元,免除其积欠利息 39 600 元,并延长债券到期日至 2011 年 1 月 31 日,年利率降至5.76%。但附有一条件,债务重组后,如该公司自第 2 年起有盈利,则年利率恢复至6.6%;若无盈利,年利率仍维持 5.76%。

(6) 2014 年 1 月 31 日,广龙公司 2010 年起有盈利,按照协议付来转账支票一张,以清偿贷款本息。

(7) 2014 年 1 月 31 日,对上述第(5)项业务,若广龙公司仍无盈利,按照协议付来转账支票一张,以清偿贷款本息。

2. 中国银行市北支行 12 月 21 日发生下列有关的经济业务:

大丰股份有限公司因发生财务困难,其已转入逾期贷款的 270 000 元和结欠的贷款利息 12 000 元无法偿还,已分别计提贷款损失准备 10 800 元和坏账准备 480元。经双方协议,市北支行同意该公司以公允价值为 100 000 元的一辆小汽车抵偿部分贷款,其余债务以该公司的 20 000 股普通股股票抵偿,该股票每股市价为7.50元。另签发转账支票按股票市价的 3‰ 支付佣金,1‰ 缴纳印花税,市北支行决定将该股票按交易目的而持有。协议还规定 1 年后再支付现金 20 000 元,以清偿剩余债务。

二、要求 编制会计分录。

第五章　支付结算业务

判　断　题

一、是非题

1. 支付结算工作的任务是根据经济往来组织支付结算,按照有关法律、行政法规和支付结算办法的规定办理支付结算,保障支付结算活动的正常进行。（　）

2. 银行是支付结算和资金清算的中介机构。（　）

3. 银行因违反规定故意压票、退票、拖延支付,受理无理拒付、擅自拒付退票等,应按中国人民银行规定的同档次流动资金贷款利息率计付赔偿金。（　）

4. 银行对签发的空头支票应予以退票,并按票面金额处以5%的罚款。（　）

5. 填明"现金"字样的银行本票不得背书转让。（　）

6. 银行汇票的申请人和收款人需要使用银行汇票向代理付款人支取现金的,在汇票金额栏先填写"现金"字样,后填写汇票金额。（　）

7. 银行汇票的实际结算金额低于出票金额的,其多余金额由出票银行退交持票人。（　）

8. 商业承兑汇票由银行以外的付款人承兑;银行承兑汇票由银行承兑,商业汇票的付款人为承兑人。（　）

9. 银行承兑汇票到期日,如出票人账户不足支付时,承兑银行应将不足支付的款项转入出票人的逾期贷款户,每日按5‰计收利息。（　）

10. 单位信用卡账户的资金一律从银行存款账户转账存入,不得缴存现金,不得将销货收入的款项存入其账户。（　）

11. 恶意透支是指持卡人超过规定期限,并经发卡银行催收无效的透支行为。（　）

12. 汇计单、签约单和进账单的结计金额是否正确,手续费计算是否正确等是特约单位开户行入账前审查的内容之一。（　）

13. 付款人开户行对于托收承付结算逾期付款的金额,按每天5‰计算逾期付款赔偿金,定期扣付,划给收款人。（　）

14. 银行接到寄来的委托收款凭证及债务证明,审查无误后,如以银行为付款

人的应在当日将款项主动支付给收款人。   (   )

15. 被查询行收到支付结算业务查询、查复书时,应及时给予明确答复,查复最长不得超过 5 天。   (   )

二、单项选择题

1. 金额和收款人名称可以由出票人补记的票据是_____。

A. 支票   B. 银行本票   C. 银行汇票   D. 商业汇票

2. 支票的提示付款期限自出票日起_____。

A. 5 日   B. 10 日   C. 15 日   D. 1 个月

3. 由出票银行签发的,由其在见票时按照实际结算金额无条件支付给收款人或者持票人的票据是_____。

A. 支票   B. 银行本票   C. 银行汇票   D. 商业汇票

4. 提示付款期限自出票日起 2 个月的票据是_____。

A. 支票   B. 银行本票   C. 银行汇票   D. 商业汇票

5. 因出票人账户不足支付,而将不足支付的款项转入出票人逾期贷款户的票据是_____。

A. 银行本票   B. 银行汇票   C. 商业承兑汇票   D. 银行承兑汇票

6. 受结算起点限制的结算方式是_____。

A. 信用卡结算   B. 汇兑结算   C. 托收承付结算   D. 委托收款结算

三、多项选择题

1. 支付结算与现金结算相比较,其重要意义主要表现在_____、有利于保证资金安全等方面。

A. 有利于促进和加速物资与资金的周转

B. 有利于扩大银行资金来源

C. 有利于减少货币发行,稳定货币流通

D. 有利于促进社会经济的发展

2. 支付结算原则包括_____。

A. 谁的钱进谁的账,由谁支配

B. 银行不予垫款

C. 遵守结算纪律

D. 恪守信用、履约付款

3. 支付结算业务可分为_____。

A. 现金业务   B. 信用卡业务   C. 票据业务   D. 结算凭证业务

4. 结算凭证可分为_____。

A. 托收承付   B. 委托收款   C. 汇兑   D. 信用卡

5. 银行受理各单位之间的票据结算业务时,在核算上通过"存放中央银行款项"账户的票据有_____。

A. 支票　　　　B. 银行本票　　　　C. 银行汇票　　　　D. 商业汇票

6. 同城结算可使用的票据有_____。

A. 支票　　　　B. 银行本票　　　　C. 银行汇票　　　　D. 商业汇票

7. 可以背书转让的票据有_____。

A. 支票　　　　B. 银行本票　　　　C. 银行汇票　　　　D. 商业汇票

8. 代理行对持卡人持信用卡支取现金时,应要求其提交身份证件,并应审查_____。

A. 信用卡的真伪及有效期

B. 信用卡是否有足够支付的金额

C. 信用卡是否被列入止付名单

D. 持卡人身份证件的照片或卡片上的照片是否与其本人相符

9. 委托收款结算适用于单位和个人凭_____等付款人债务证明办理款项的结算。

A. 已承兑的商业汇票　　　　　　B. 信用卡计汇单

C. 债券　　　　　　　　　　　　D. 存单

练习题一　练习支票和银行本票结算业务的核算

一、资料　中国工商银行上海市分行静安支行3月份发生下列经济业务:

1. 1日,收到华兴公司交来委托收款的进账单和在本行开户的泰富商场签发的转账支票各一份,金额为75 000元,审查无误后,予以入账。

2. 5日,收到春江工厂交来委托收款的进账单和在工商银行卢湾支行开户的亚东公司签发的转账支票各一份,金额为56 000元。审查无误,票据交换后,收到同城票据交换资金清算凭证,予以入账。

3. 6日,退票时间已过,将上项春江工厂的进账单入账。

4. 8日,从工商银行徐汇支行交换提入开开公司签发的转账支票一张,金额为45 000元。审查无误后,予以入账。

5. 11日,从工商银行长宁支行交换提入宏昌工厂签发的转账支票一张,金额为36 000元。经审查,发现该厂账户余额不足,应在次场票据交换时退回,予以入账。

6. 12日,票据交换,将宏昌工厂签发的转账支票一张,金额为36 000元,退回工商银行长宁支行,予以入账。

7. 15日,收到在本行开户的沪西工厂签发的转账支票和进账单各一份,金额为 45 000 元。要求将款项划转在工商银行宝山支行开户的泰康工厂,审查无误后,予以入账。

8. 18 日,从工商银行卢湾支行交换提入进账单一张,金额为 30 000 元,系大洋商厦委托划转给春江工厂的货款。审查无误后,予以入账。

9. 20 日,收到新欣商厦交来银行本票申请,申请签发银行本票 25 000 元。审查无误后,款项从其存款户收取。当即签发本票 25 000 元,交付该商厦,予以入账。

10. 21 日,收到在本行开户的沪西工厂交来的进账单和由本行签发的本票各一份,金额 25 000 元。审查无误后,予以入账。

11. 22 日,收到春江工厂交来进账单和由工商银行黄浦支行签发的本票各一份,金额为 48 000 元。审查无误后,予以入账。

12. 25 日,收到范仁先生交来银行本票申请书和取款凭条各一份,申请签发能提取现金的银行本票 50 000 元,审查无误后,款项从其活期储蓄存款户收取。当即签发注明"现金"字样的本票,交付范仁先生,予以入账。

13. 26 日,收到光华公司交来银行本票申请书,申请签发银行本票 42 000 元,审查无误后,款项从其存款户收取。当即签发本票 42 000 元,交付该公司,予以入账。

14. 28 日,周盛先生交来本行签发的注明"现金"字样的本票一张,金额 50 000 元,申请人为范仁先生。审查无误后,当即支付其现金 50 000 元。

15. 31 日,从工商银行徐汇支行交换提入本票一张,金额为 48 000 元。审查无误后,予以入账。

二、要求 编制会计分录。

练习题二 练习银行汇票结算业务的核算

一、资料 中国工商银行上海市分行静安支行 4 月份发生下列经济业务:

1. 1 日,收到春江工厂交来银行汇票申请书一份,申请签发银行汇票 80 000 元。审查无误后,款项从其存款户收取。当即签发银行汇票一张,金额 80 000 元,交付该厂,予以入账。

2. 5 日,收到在本行开户的华兴公司交来的进账单和由工商银行嘉兴支行签发的银行汇票各一份,汇票出票金额为 75 000 元,进账单金额和银行汇票实际结算金额均为 72 000 元。审查无误后,予以入账。

3. 10 日,收到工商银行长春支行寄来联行借方报单、银行汇票解讫通知和多余款收账通知各 1 张,填列汇票出票金额 80 000 元,实际结算金额也为 80 000 元。审查无误后,予以入账。

4. 15 日,收到未在本行开户的董华先生交来的进账单和工商银行昆山支行签发的注明"现金"字样的银行汇票各一份,汇票出票金额为40 000元,进账单和汇票实际结算金额也为40 000元。审查无误后,予以入账。

5. 16日,董华先生交来取款凭条,从其银行汇票汇入款中提取现金5 000元。审查无误后,予以支付。

6. 18日,收到从中国工商银行徐汇支行交换提入董华先生签发的转账支票一张,金额为35 000元。审查无误后,款项从其银行汇票汇入款中支付。

7. 22日,收到新欣商厦交来银行汇票申请书一份,申请签发银行汇票66 000元。审查无误后,款项从其存款户收取。当即签发银行汇票一张,金额为66 000元,交付该商厦,予以入账。

8. 30日,收到中国工商银行青岛支行寄来联行借方报单、银行汇票解讫通知和多余款收账通知各一张,填制汇票出票金额66 000元,实际结算金额为63 500元,多余金额为2 500元。将多余金额退回新欣商厦,予以入账。

二、要求 编制会计分录。

练习题三　练习商业汇票结算业务的核算

一、资料 中国工商银行上海市分行静安支行发生下列经济业务:

1. 3月1日,收到开开公司交来委托收款凭证和商业承兑汇票各两份,付款人分别为无锡天龙公司和郑州黄河公司,金额分别为27 000元和56 000元。审查无误后,为其办理托收手续,予以入账。

2. 3月5日,收到中国工商银行常熟支行寄来委托收款凭证及商业承兑汇票各一份,系上海服装公司承兑常熟服装厂的货款78 000元。审查无误后,予以支付。

3. 3月8日,收到中国工商银行无锡支行寄来的委托银行收款第四联收账通知一张,金额为27 000元,系开开公司托收的商业承兑汇票的货款。审查无误后,予以入账。

4. 3月10日,收到中国工商银行郑州支行寄来的委托银行收款第四联收账通知、付款人未付款项通知书和商业承兑汇票各一份,金额为56 000元,系退回开开公司托收的商业承兑汇票,予以入账。

5. 3月12日,收到出票人开开公司交来付款期限1个月的银行承兑汇票一份,金额为100 000元,申请承兑,收款人为苏州绣品公司。审查无误后,签署承兑协议,按票面金额向开开公司收取5‰承兑手续费,予以入账。

6. 3月15日,收到沪西工厂交来付款期限为1个月的银行承兑汇票一份,金额为150 000元,收款人为大连日化厂。审查无误后,签署承兑协议,按票面金额向沪西工厂收取5‰承兑手续费,予以入账。

7. 3月20日，收到春江工厂交来委托收款凭证和银行承兑汇票各一份，付款人为厦门贸易公司，金额为90 000元。审查无误后，为其办理托收手续，予以入账。

8. 3月28日，收到中国工商银行厦门支行寄来的委托银行收款凭证第四联收账通知一张，金额为90 000元，系春江工厂托收的银行承兑汇票的货款。审查无误后，予以入账。

9. 4月12日，上月12日为出票人开开公司承兑的银行承兑汇票一张，金额为100 000元，已经到期，向出票人收取票款，予以入账。

10. 4月14日，收到中国工商银行苏州支行寄来的委托收款凭证及银行承兑汇票各一份，系开开公司支付苏州绣品公司的货款100 000元。审查无误后，予以支付。

11. 4月15日，上月15日为出票人沪西工厂承兑的银行承兑汇票一张，金额为150 000元，已经到期，而沪西工厂账户余额为70 000元，予以收取，不足款转入逾期贷款户。

12. 4月25日，沪西工厂账户已有存款，从其账户扣除银行承兑汇票逾期未付的80 000元，并就逾期天数，每天按5‰计收利息。

13. 4月26日，收到中国工商银行大连支行寄来的委托收款凭证及银行承兑汇票各1份，系沪西工厂支付大连日化厂货款150 000元。审查无误后，予以支付。

二、要求　编制会计分录及注明应登记的备查账簿。

练习题四　练习信用卡结算业务的核算

一、资料　中国工商银行上海市分行静安支行4月份发生下列经济业务：

1. 1日，收到华兴公司交来进账单和转账支票各一份，进账单金额为50 000元，转账支票金额为50 020元，其中：50 000元为缴存信用卡备用金，20元为手续费。审查无误后，发给信用卡，予以入账。

2. 5日，收到王锋先生交来现金8 020元，其中：8 000元为缴存信用卡备用金，20元为手续费。审查无误后，发给信用卡，予以入账。

3. 10日，收到在本行开户的新欣商厦交来的计汇单和进账单各一份和签购单两份，列明华兴公司购物消费9 000元，王锋先生购物消费2 000元，手续费按9‰计算。审查无误后，予以入账。

4. 10日，收到在本行开户的沪光公司交来汇计单、进账单和签购单各一份，列明在中国工商银行卢湾支行开户的大洋商厦购物消费8 000元，手续费按9‰计算。审查无误后，提出票据交换。收到同城票据交换资金清算凭证，予以入账。

5. 15日，收到在本行开户的华兴公司交来计汇单、进账单和签购单各一份，列明在中国工商银行桂林支行开户的桂林旅游公司采购商品的货款20 000元，手续费按 9‰ 计算。将有关凭证随联行借方报单寄工商银行桂林支行,予以入账。

6. 20 日,分别收到在中国工商银行黄浦支行开户的持卡人田明先生和王亮先生的取现单各一份,金额分别为 6 000 元和 4 000 元。审查无误后,支付现金,并将取现单向工商银行黄浦支行提出票据交换,予以入账。

7. 25 日,收到在中国工商银行洛阳支行开户的持卡人周杰先生的取现单一份,金额 12 500 元。审查无误后,按取现额的 1‰ 扣除手续费后,支付周杰先生现金,并将第二联取现单随联行借方报单寄工商银行洛阳支行。

8. 30 日,从中国工商银行徐汇支行同城交换提入汇计单和本行持卡人华兴公司采购商品的签购单各一张,金额为 20 000 元,并收到中国工商银行徐州支行寄来联行借方报单和本行持卡人王锋先生的取现单各一张,金额为 5 000 元。审查无误后,予以入账。

二、要求 编制会计分录。

练习题五 练习汇兑结算业务的核算

一、资料 中国工商银行上海市分行静安支行 4 月份发生下列经济业务:

1. 1 日,收到在本行开户的新欣商厦交来信汇凭证一份,要求将 36 000 元货款汇给在中国工商银行开封支行开户的捷利工厂。审查无误后,汇款额从其存款户扣除。

2. 8 日,收到未在本行开户的刘洋先生交来注明"现金"字样的信汇凭证一份,以及现金 22 000 元,要求将 22 000 元汇至中国工商银行常州支行,收款人为江镇先生。审查无误后,予以入账。

3. 15 日,收到中国工商银行湖州支行寄来的邮划给宏昌工厂货款的信汇凭证一份,金额为 32 000 元。审查无误后,予以入账。

4. 18 日,收到中国工商银行郑州支行寄来的注明"现金"字样的信汇凭证一份,金额为 18 000 元,付款人为刘凯先生,收款人为王芳小姐。审查无误后,予以入账,并通知收款人来行办理取款手续。

5. 20 日,王芳小姐前来办理提取汇款的手续。审查无误后,当即支付其现金 18 000 元。

6. 24 日,收到中国工商银行扬州支行注明"留行待取"字样的电汇凭证一份,金额为 90 000 元,付款人为扬州日化厂,收款人为该厂的采购员周伟先生。审查无误后,予以入账,并通知收款人来办理取款手续。

7. 25 日,扬州日化厂采购员周伟,从汇入款项中提取现金 5 000 元。审查无误后,予以支付。

8. 30 日,收到扬州日化厂采购员周伟交来其签发的转账支票和填制的进账单各一份,金额为 85 000 元,要求将款项支付在本行开户的沪西工厂的货款。审查无误后,予以入账。

二、要求 编制会计分录。

练习题六 练习托收承付和委托收款结算业务的核算

一、资料 中国工商银行上海市分行静安支行 7 月份发生下列经济业务:

1. 1 日,收到开开公司交来托收承付凭证一份,金额为 48 000 元,付款人为桂林旅游公司。审查无误后,为其办理托收手续,予以入账。

2. 2 日,收到天河工厂和华安公司交来托收承付凭证各一份,金额分别为 72 000 元和 88 000 元,付款人分别为郑州商厦和杭州商厦。审查无误后,分别为其办理托收手续,予以入账。

3. 3 日,接到中国工商银行太原支行寄来托收承付凭证一份及交易单证,系太原化工厂向春江工厂收取货款 27 600 元。审查无误后,予以入账,并通知付款人。

4. 4 日,接到中国工商银行大同支行寄来托收承付凭证一份及交易单证,系大同煤矿向沪西工厂收取货款 55 000 元。审查无误后,予以入账,并通知付款人。

5. 5 日,接到中国工商银行广州支行寄来托收承付凭证一份及交易单证,系珠江公司向开开公司收取的货款 64 000 元。审查无误后,予以入账。并通知付款人。

6. 7 日,春江工厂的 3 天承付期满,将 27 600 元划转中国工商银行太原支行,予以入账。

7. 8 日,沪西工厂 3 天承付期满,账户无款支付,填制托收承付结算到期未收通知书。审查无误后,予以入账。

8. 9 日,收到开开公司交来部分拒绝付款理由书,拒付珠江公司货款 10 000 元,承付货款 54 000 元。审查无误后,将其承付的 54 000 元划转中国工商银行广州支行,予以入账。

9. 10 日,接到中国工商银行桂林支行寄来联行邮划贷方报单和第四联托收承付凭证,系承付开开公司的托收款 48 000 元。审查无误后,予以入账。

10. 11 日,接到中国工商银行郑州支行寄来部分拒绝付款理由书一份,系郑州商厦拒付天河工厂货款 12 000 元,并收到联行邮划贷方报单及有关凭证,承付货款 60 000 元。审查无误后,予以入账。

11. 12 日,沪西工厂今日账户有存款,根据规定对于逾期 4 日,按每日 5‰ 计算逾期付款赔偿金,连同逾期承付的 55 000 元货款,一并划转工商银行大同支行。审查无误后,予以入账。

12. 14 日,接到中国工商银行杭州支行寄来联行邮划贷方报单及其他有关凭证列明杭州商厦付来逾期承付的华安公司托收的货款 88 000 元和逾期 6 天的赔偿金 264 元。审查无误后,予以入账。

13. 16 日,收到东安公司交来委托收款凭证和商业承兑汇票各两份,付款人分别为宁波化工厂和南通化工厂,金额分别为 36 000 元和 48 000 元。审查无误后,为其办理托收手续,予以入账。

14. 18 日,收到中国工商银行太仓支行寄来委托收款凭证及商业承兑汇票各一份,系浦江商厦承兑太仓服装厂的货款,金额为 47 800 元。审查无误后,将第五联委托收款凭证和有关凭证交给浦江商厦,予以入账。

15. 20 日,收到中国工商银行宁波支行寄来联行邮划贷方报单和第四联委托收款凭证各一张,金额为 36 000 元,系宁波化工厂支付东安公司托收的商业承兑汇票的货款。审查无误后,予以入账。

16. 22 日,浦江商厦的 3 天付款期满,将 47 800 元划转中国工商银行太仓支行,予以入账。

17. 24 日,收到中国工商银行南通支行寄来付款人未付款项通知书一份和其他有关凭证,金额为 48 000 元。审查无误后,将一联付款人未付款项通知书和有关凭证退给东安公司,予以入账。

18. 26 日,收到中国工商银行湖州支行寄来委托收款凭证及商业承兑汇票各一份,系新欣商厦承兑湖州丝绸厂的货款,金额为 16 000 元。审查无误后,将第五联委托收款凭证和有关凭证交给新欣商厦,予以入账。

19. 30 日,收到新欣商厦交来全部拒绝付款理由书一份,以及其他有关凭证。审查无误后,办理有关拒付手续,予以入账。

二、要求 编制会计分录及注明应登记的备查账簿。

练习题七 练习支付结算业务收费和罚款的核算

一、资料 中国工商银行上海市分行静安支行 6 月份发生下列经济业务:

1. 5 日,收到沪江工厂交来票据和结算凭证领用单,领用支票 4 本,计工本费 20 元,手续费 100 元;领用邮划托收承付结算凭证 10 本,计工本费 50 元,手续费 250 元,邮电费 1 500 元。款项从其存款户收取。

2. 15 日,对光新公司签发 25 000 元的空头支票按 5% 处以 1 250 元罚款,罚款从其存款户扣除。

3. 30 日,收到华兴公司交来票据和结算凭证领用单,领用支票 6 本,计工本费 30 元,手续费 150 元;领用邮划委托收款结算凭证 10 本,计工本费 50 元,手续费 250 元,邮电费 250 元,款项从其存款户收取。

二、要求 编制会计分录。

第六章 现金出纳业务

判 断 题

一、是非题

1. 现金出纳是指直接用现金进行的货币收付行为。　　　　　　　（　）

2. 银行是全国的现金出纳中心。银行现金出纳工作与国民经济各部门、各单位的经济活动有着密切的联系。　　　　　　　　　　　　　　（　）

3. 钱账分管原则是为了防止差错事故,也便于互相协商和分工处理。（　）

4. 银行出纳收款员收取单位解缴的现金,应认真审查的内容有现金解款单的日期、户名、账号、款项来源是否填写齐全、清楚,大、小写金额是否相符,凭证有无涂改等。　　　　　　　　　　　　　　　　　　　　　　　（　）

5. 出纳部门接到会计部门转来取款单位的现金支票,审核无误后,据以登记"现金付出日记簿",然后才能按支票金额配款,交给取款人。　　　　（　）

6. 每日现金账款的核对工作是:将库房管理员收付的现金与现金收、付日记簿及现金入库票核对相符后,将现金入库保管,同时登记"现金库存簿",结出本日库存,并将其同库房的实存现金核对相符。　　　　　　　　　　（　）

7. 出纳库房的钥匙、密码必须由专人掌管。　　　　　　　　　　（　）

8. 出纳错款是指出纳人员在现金的收付过程中所发生的现金长短款。（　）

二、多项选择题

1. 现金出纳工作内部控制制度应遵循钱账分管原则,双人经办原则,先收款后记账、先记账后付款原则,_____。

A. 收付分开原则　　　　　　　　B. 银行不垫款原则

C. 交接手续和查库原则　　　　　D. 复核制度原则

2. 双人经办原则是指在现金出纳工作中,必须坚持双人临柜、_____。

A. 双人押运　　B. 双人守库　　C. 双人管库　　D. 双人负责

3. 银行出纳库房管理工作的要求是_____。

A. 设置专用库房　　　　　　　　B. 实行双人管库共同负责制

C. 严格查库制度　　　　　　　　D. 严格出入库制度

练习题一　练习现金出纳业务的核算

一、资料　中国工商银行上海分行南市支行3月份发生下列有关的经济业务：

1. 1日，收到光明商厦交来现金解款单一份，金额为159 500元，经审查，无误。并收到现金159 500元，现金点收无误。

2. 10日，收到华欣公司交来现金支票一张，金额为78 400元，用途为发放工资。审查无误后，予以支付。

3. 14日，出纳收款发生现金长款110元，原因待查。

4. 15日，今查明昨日长款中有100元系华欣公司解款时多交，以现金予以退还，其余10元确定无法归还，经批准作为银行收益处理。

5. 19日，出纳付款发生现金短款52元，原因待查。

6. 20日，今查明19日短款中有50元系武定工厂提取现金时多付，已从对方收回，其余2元系技术短款。经批准作为银行损失处理。

7. 24日，将宽余的现金270 000元调剂给中国工商银行上海分行静安支行。

8. 31日，从中国工商银行上海分行徐汇支行调入现金240 000元，审查单据和点收现金无误后，予以入账。

二、要求　编制会计分录。

第七章　联行往来业务

判　断　题

一、是非题

1. 联行往来是指各商业银行之间的资金账务往来。　　　　　（　　）

2. 发报行应根据"联行往账"账户的记账方向来确定使用邮划报单或电划报单。　　　　　　　　　　　　　　　　　　　　　　　　（　　）

3. 银行对行名与行号不一致的报单,应根据行名来处理报单。（　　）

4. 新年度收到的报单,应以本年度的"联行来账"账户进行核算。（　　）

5. "全国联行往来"制度由中央银行统一制定,各商业银行遵照执行。（　　）

6. 集中监督是指联行往来的管辖行对往账和来账进行监督与核对,以保证联行往来的正确性。　　　　　　　　　　　　　　　　　（　　）

7. 联行密押是联行间汇划款项时辨别汇(划)款真伪,保证联行资金安全的重要手段。　　　　　　　　　　　　　　　　　　　　　　　（　　）

8. 发报行于新年度开始,除冲账外不得再编发上年度的联行往账报单;收报行于新年度开始,收到发报行上年度报单进行转账时,也应使用新年度联行来账科目核算。　　　　　　　　　　　　　　　　　　　　　　（　　）

9. 收、发报行收到上年联行报单或办理冲正上年联行差错报单,应编制"上年来账(往账)报告表",其顺序号、余额与"上年报告表"的各项内容相衔接,报告表日期的月份栏用 13 月(1 月)、14 月(2 月)……表示。　　　　（　　）

二、单项选择题

1. 联行报单按照业务性质和传递方式的不同,有着不同的种类,但下列各项中,_____不是。

A. 邮划借方(贷方)报单　　　　B. 电划借方(贷方)报单

C. 邮划借方(贷方)补充报单　　D. 电划借方(贷方)补充报单

2. 中国工商银行上海市分行营业部收到中国工商银行嘉兴支行寄来的邮划贷记报单一份,金额为 51 000 元。经审核,报单的行号是本行的,但行名及附件内容是中国工商银行南浔支行的。按规定办理有关业务手续后_____。

A. 借记"联行来账"账户 51 000 元,贷记"联行往账"账户51 000元

B. 借记"联行往账"账户 51 000 元,贷记"联行来账"账户51 000元

C. 借记"联行来账"账户 51 000 元,贷记"活期存款"等账户51 000元

D. 借记"活期存款"等账户 51 000 元,贷记"联行来账"账户51 000元

3. _____是指报单上有遗漏或不符,致使收报行无法转账的报单。

A. 完整报单　　B. 不完整报单　　C. 正确报单　　D. 错误报单

4. 中国工商银行上海市分行营业部收到中国工商银行扬州市分行营业部寄来的借记报单一份,金额为36 000元。经审核,该报单的行号是中国工商银行南京支行的,但行名和报单附件则是本行的。按规定办理有关业务手续后_____。

A. 借记"联行来账"账户 36 000 元,贷记"活期存款"等账户36 000元

B. 借记"活期存款"等账户 36 000 元,贷记"联行来账"账户36 000元

C. 借记"联行往账"账户 36 000 元,贷记"活期存款"等账户36 000元

D. 借记"活期存款"等账户 36 000 元,贷记"联行往账"账户36 000元

5. 中国工商银行上海市分行本日"联行往账"账户借方发生额为246 000元,贷方发生额为 468 000 元;"联行来账"账户借方发生额为 369 000元,贷方发生额为257 000元。该行当日联行汇差应是_____元。

A. 应收汇差 110 000
B. 应付汇差 110 000
C. 应收汇差 334 000
D. 应付汇差 334 000

三、多项选择题

1. 我国联行往来的基本做法包括_____等内容。

A. 划清资金　　B. 年度结平　　C. 直接往来　　D. 集中监督

2. 对收报行收到的报单,可分为以下几类,但_____不是。

A. 完整报单　　B. 不完整报单　　C. 正确报单　　D. 错误报单

3. 不完整报单也称有缺陷报单,主要是指_____。

A. 报单的收报行行名、行号是本行的,报单的内容和附件是他行的

B. 收到报单内容清楚具体,仅缺少附件

C. 报单上的行号不是本行的,而行名和附件都是本行的

D. 报单上的收报行行名不是本行,但行号及附件是本行的

4. 分行辖内往来核算的方法主要有_____。

A. 逐笔核对法　　B. 总额核对法　　C. 集中核对法　　D. 分散核对法

练习题一　练习全国联行往来业务的核算

一、资料　工商银行上海市分行营业部发生下列经济业务:

1. 收到全国联行往来贷方报单及所附信汇凭证,汇款金额为12 000元,收款人

为开户单位华生公司,审核无误后,办理转账。

2. 开户单位华生糖果厂持一张面额为 10 000 元,实际结算金额为 8 800 元的银行汇票及两联进账单来行办理进账,银行汇票签发行为山西大同支行,审核无误后,办理进账手续并划转款项。

3. 前办理贴现业务收入的面额为 40 000 元的银行承兑汇票今到期,向承兑行北京市分行办理款项托收手续。

4. 收到南京分行寄来委托收款凭证及商业承兑汇票各一份,金额为 13 200 元,审核无误后,为开户单位五华工厂办理转账支付手续。

5. 收到异地联行发来的全国联行往来借方报单及所附本行签发的银行汇票。票面金额为 10 000 元,实际结算金额为 7 920 元,申请签发单位为本行开户单位红花公司,审核无误后,办理转账。

二、要求 结合第五章所学支付结算业务,编制会计分录。

练习题二 练习全国联行往来业务中不完整报单的处理

一、资料 中国工商银行上海市分行营业部发生下列经济业务:

1. 收到贵阳分行贷方报单一份及有关附件,金额为 6 700 元。经审核,该报单的行号行名是本行的,但业务内容是支付给苏州苏伦纱厂的货款。按规定转账后,另填制一份_____报单,连同原收到的附件,一并寄给苏州支行。

2. 承上题,苏州支行收到上海市分行营业部报单,为苏州苏伦纱厂办理进账。

3. 收到安徽省分行营业部借记报单一份及所附银行汇票,金额为22 400元。经审核,该报单的行号不是本行的,但行名和业务内容是本行的,是安徽茶厂向本行开户单位浦江公司收取购货款。按规定填制一份_____报单,连同收到的报单一并寄给行号行,同时根据附件办理转账。

4. 承上题,报单的行号行收到上海市分行营业部寄来的两份报单,办理转账。

二、要求

1. 对第 1、第 3 题进行必要的填空。

2. 编制会计分录。

练习题三 练习分行辖内往来的核算

一、资料 工商银行江苏省分行辖内发生下列经济业务:

1. 扬州支行接到开户单位扬州机车厂的信汇凭证,金额为 43 200 元。审核无误后,即向收款单位昆山汽车制造厂开户行昆山支行填发报单划款。

2. 承上题,昆山支行收到扬州支行的报单及信汇凭证,审核无误后,办理转账。

3. 泰州支行收到高邮支行寄来的托收承付凭证,金额为 63 010 元。审查无误后,付款单位为开户单位金盛超市,且有足够款项支付,当即填发报单付款。

4. 镇江支行收到无锡支行的邮划报单及所附银行汇票,报单及银行汇票的结算金额为 25 600 元,银行汇票的原签发金额为 26 000 元。审核无误后,银行汇票申请人为开户单位三星服装厂。

二、要求 编制会计分录。

练习题四 练习联行汇差资金清算的核算

一、资料 中国工商银行有关各行发生下列经济业务:

1. 某支行当日联行往账借方发生额 136 000 元,贷方发生额 76 900 元;联行来账借方发生额 29 460 元,贷方发生额 222 000 元。计算出联行汇差后,办理划拨。

2. 某支行营业终了,计算出当日应收汇差资金 87 500 元,办理划拨。

3. 某分行所辖各行处划来联行汇差资金情况如下:第一支行应收汇差 78 200 元,第二支行应付汇差 100 600 元,第三支行应付汇差 7 960 元,第四支行应收汇差 24 790 元,汇总轧差后上划总行。

4. 承第 3 题,总行收到分行划来汇差资金,办理转账。

二、要求

1. 列出必要的算式。

2. 编制相关行处的会计分录。

第八章 金融机构往来业务

判 断 题

一、是非题

1. 调整缴存存款时，应按实际计算结果办理调整。 （　　）

2. "存放中央银行款项"账户下设"存放中央银行款项"、"缴存中央银行财政性存款"、"缴存中央银行一般性存款"三个明细账户。 （　　）

3. 对于缴存中央银行存款，县支行或城市区办事处每月调整一次，于月后5日办理。 （　　）

4. 同城票据清算一般由当地中国人民银行主持办理，各商业银行均可申请参加。 （　　）

5. 同城票据交换一般通过各行在当地中国人民银行的账户进行资金清算。 （　　）

6. 每一参加同城票据清算的银行，既是提出行又是提回行。 （　　）

7. 现在同城票据交换都采用计算机处理。 （　　）

8. 向中央银行借入的日拆性贷款是为解决商业银行因汇划款项和资金清算发生临时资金短缺而借入的贷款，其期限最长不得超过12天。 （　　）

9. 转贴现是指商业银行因办理企业票据贴现而发生资金短暂困难，而将未到期已贴现的商业汇票再向中国人民银行办理贴现的行为。 （　　）

10. 同业拆借是指同城商业银行之间的资金拆借。 （　　）

11. 商业银行之间拆借资金，必须通过中央银行转账，不得直接拆借。（　　）

二、单项选择题

1. 财政性存款的缴存比例是_____。

　A. 5％　　　　　　B. 6％　　　　　　C. 7％　　　　　　D. 100％

2. 某行一般性存款的余额本期合计数为54 211 000元，上期余额合计数为47 101 000元，缴存率为19％，本期调整额应为_____元。

　A. 1 350 900　　　　　　　　　B. －1 350 900

　C. 1 351 000　　　　　　　　　D. －1 351 000

3. 若同城交换差额报告单为应收差额(应贷差额),其账务处理为:_____。

A. 借记"存放中央银行款项"账户,贷记"同城交换清算"账户

B. 借记"同城交换清算"账户,贷记"存放中央银行款项"账户

C. 借记"同城交换清算"账户,贷记"活期存款"账户

D. 借记"活期存款"账户,贷记"同城交换清算"账户

4. 拆入行的应计利息应记入_____账户。

A. "利息收入"   B. "利息支出"

C. "金融企业往来收入"   D. "金融企业往来支出"

三、多项选择题

1. 下列项目中,_____属于财政性存款。

A. 国家财政库款   B. 机关团体存款

C. 地方财政预算内存款   D. 企业存款

2. 下列项目中,_____属于一般性存款。

A. 部队存款   B. 委托存款   C. 基建单位存款   D. 农村存款

3. 异地跨系统转汇业务的方式主要有_____。

A. 先横后直   B. 先直后横   C. 先横后直再横   D. 先直后横再直

4. 商业银行与中央银行往来的主要业务内容有_____和再贴现等。

A. 缴存财政性存款   B. 缴存一般性存款

C. 向中央银行借款   D. 提取或解存现金

练习题一 练习向中央银行缴存存款的核算

一、资料 中国工商银行某支行有关各种存款账户期末余额合计数如图表习题 8-1 所示。

图表习题 8-1

缴存存款账户余额表

单位:元

项 目	上期末余额	本期末余额	缴 存 比 例(%)
财政性存款	930 000	1 070 000	100
一般性存款	21 001 000	19 600 000	19

二、要求

1. 列出算式,计算本期应调整的两项缴存存款的金额。

2. 分别编制中国工商银行、中国人民银行相应的会计分录。

练习题二 练习欠缴缴存存款的核算

一、资料 有关银行发生下列经济业务：

1. 中国农业银行上海市分行 6 月 6 日调整缴存存款时，通过计算，应调减财政性存款 58 000 元，调增一般性存款 218 000 元；轧差后应净调增缴存存款160 000 元，但其在中国人民银行的存款只有 120 000 元，暂时欠缴 40 000 元。

2. 6 月 10 日，中国农业银行上海市分行将资金调入中国人民银行存款户，补交所欠缴存存款，同时按每日 6‰的比例支付罚款。

二、要求 根据以上资料，分别编制中国农业银行和中国人民银行的表内外会计分录。

练习题三 练习同城票据交换清算的核算

一、资料 中国工商银行第一支行某日同城交换差额报告单如图表习题 8-2 所示。

图表习题 8-2

第一次交换差额报告单

2014 年 1 月 20 日 金额单位：元

摘 要	同城票据交换清算（借方）		同城票据交换清算（贷方）	
	张 数	金 额	张 数	金 额
提 出	借方凭证 28	320 060	贷方凭证 20	294 320
提 回	贷方凭证 23	96 040	借方凭证 12	76 280
总金额				
		应借差额		应贷差额
总 额				

二、要求 根据以上资料，分别编制提出票据、提入票据和资金清算会计分录。

练习题四 练习向中央银行借款及转贴现的核算

一、资料 中国工商银行上海市分行发生下列经济业务：

1. 向当地中国人民银行借入 1 年期贷款 1 500 000 元，办理转账。

2. 归还前向中国人民银行所借临时借款本息，其中本金 2 000 000 元，应付利息36 000 元。

3. 提交中国人民银行转贴现凭证与票据,办理转贴现手续。转贴现票据面值500 000元,贴现天数29天,贴现率为4‰,办理转账。

4. 上项转贴现票据到期收回,办理转账。

二、要求 根据以上资料,分别编制中国工商银行及中国人民银行的会计分录,计算部分列出算式。

练习题五 练习跨系统转汇和同业拆借的核算

一、资料

1. 中国工商银行上海市第一支行发生下列经济业务:

(1) 开户单位祥龙公司要求汇款80 000元至在中国农业银行丹阳支行开户的收款人。本行拟通过中国工商银行丹阳支行转汇,中国农业银行丹阳支行在中国工商银行丹阳支行开有存款账户。

(2) 开户单位吉祥公司要求电汇300 000元至广东祥云公司,该公司在中国银行广东省第二支行开有账户。本行拟通过同城交换,委托中国银行上海市分行营业部转汇。

2. 中国工商银行上海市分行营业部发生下列经济业务:

(1) 拆借资金到期,将拆入资金1 000 000元及利息20 000元一并签发中国人民银行转账支票,归还中国农业银行上海市分行。

(2) 向同城建设银行拆借资金500 000元,以解决季节性资金需要,通过中国人民银行办理拆借。

二、要求

1. 根据"资料1",编制各银行相关行处的会计分录。

2. 根据"资料2",分别编制拆出行、拆入行及中国人民银行的相关会计分录。

第九章 外汇业务

判断题

一、是非题

1. 直接标价法是指以一定单位的本国货币作为标准来折算外国货币的标价方法。　　　　　　　　　　　　　　　　　　　　　　　　（　　）

2. 中间汇率是指外汇买入汇率与卖出汇率之间的平均汇率。它通常用作企业的记账汇率。　　　　　　　　　　　　　　　　　　　　　　　（　　）

3. 外汇分账制是指经营外汇业务的银行，采用原币为计量单位，对每种货币的收付各设置一套明细账和总账，平时将收到的外币，按照不同的原币进行记账的方法。　　　　　　　　　　　　　　　　　　　　　　（　　）

4. "货币兑换"账户应按外币币别设置明细账。　　　　　　　　　（　　）

5. 我国套汇业务的做法，原则上通过人民币核算，即通过买入一种外汇，同时卖出一种外汇的方式折算的。　　　　　　　　　　　　　　　（　　）

6. 单位外汇定期存款利息，按积数法计息。　　　　　　　　　　（　　）

7. 单位外汇活期存款都采用支票户形式。　　　　　　　　　　　（　　）

8. 现汇贷款是指企业根据业务需要，采取信用证、托收或汇款等方式，在国际市场上采购适用商品，向银行申请的额度内外汇贷款。　　　　　（　　）

9. 进口押汇是指进口商以进口货物物权作抵押，向银行申请的短期资金融通。　　　　　　　　　　　　　　　　　　　　　　　　　　　（　　）

10. 出口押汇是指出口商将全套出口单据交议付行，由该行买入单据并按票面金额扣除自议付之日起到预计收汇日止的利息，将净额先付给出口商的一种出口融资方式。　　　　　　　　　　　　　　　　　　　　　（　　）

11. 买方信贷的贷款本息可由总行统一办理偿还，也可由有关分支行分别办理偿还。　　　　　　　　　　　　　　　　　　　　　　　　　（　　）

12. 信用证项下出口结算是指出口方银行根据国外进口方银行开来的信用证，按照其条款的有关规定，为出口商办理审单、寄单和收汇的结算方式。（　　）

13. 信用证项下，开证行应负第一性付款责任。　　　　　　　　　（　　）

14. 根据交单条件的不同,出口托收可分为跟单托收和光票托收。　　(　　)

二、单项选择题

1. 银行买入外汇现钞时应选用的价格是_____。

　　A. 现钞买入汇率　　　　　　　　B. 现钞卖出汇率

　　C. 现汇买入汇率　　　　　　　　D. 现汇卖出汇率

2. 客户买入外汇时应选用的价格是_____。

　　A. 现钞买入汇率　　　　　　　　B. 现钞卖出汇率

　　C. 现汇汇入汇率　　　　　　　　D. 现汇卖出汇率

3. 我国的外汇是由_____管理的。

　　A. 中国银行　　　　　　　　　　B. 中国人民银行

　　C. 国家外汇管理局　　　　　　　D. 国务院

4. "货币兑换"账户的性质是_____。

　　A. 资产类　　　　B. 负债类　　　　C. 共同类　　　　D. 损益类

5. "存放国外同业"有多种核算形式,但下列各项目,_____不是。

　　A. 分行开立总账记账　　　　　　B. 总行集中记账

　　C. 分散记账　　　　　　　　　　D. 开立分户记账

6. _____是供国内居民使用的外汇存款种类。

　　A. 甲种存款　　　　　　　　　　B. 乙种存款

　　C. 丙种存款　　　　　　　　　　D. 丁种存款

7. 单位活期外汇存款的起存金额为人民币_____元的等值外汇。

　　A. 100　　　　B. 500　　　　C. 1 000　　　　D. 5 000

8. 目前我国的外汇贷款币别主要是_____。

　　A. 欧元　　　　B. 美元　　　　C. 英镑　　　　D. 日元

9. "应收承兑汇票款——外币"账户与"承兑汇票——外币"账户是办理_____时使用的一组对转账户。

　　A. 远期信用证项下进口业务承兑汇票

　　B. 即期信用证项下进口业务承兑汇票

　　C. 远期信用证项下出口业务承兑汇票

　　D. 即期信用证项下出口业务承兑汇票

10. 即期信用证项下国外审单付款有三种方式,下列各项中,_____是错误的。

　　A. 国外银行主动借记我账户

　　B. 授权国外议付行向我账户行索汇

　　C. 国外审单后电报向我索汇

　　D. 国内审单付款

三、多项选择题

1. 采用直接标价法时，_____。

A. 本国货币的数量固定不变

B. 外国货币的数量固定不变

C. 汇率升降通过本国货币变动来反映

D. 汇率升降通过外国货币变动来反映

2. 按照我国《外汇管理条例》规定，外汇包括_____。

A. 外国货币　　　　　　　　　B. 外币有价证券

C. 外币支付凭证　　　　　　　D. 其他外汇资产

3. "外汇交易"传票可分为_____。

A. 外汇交易借方传票　　　　　B. 外汇交易贷方传票

C. 外汇交易套汇传票　　　　　D. 外汇交易收付传票

4. 商业银行外汇资金收付划转和清算的途径主要有_____。

A. 全国联行外汇往来　　　　　B. 全国联行往来

C. 港澳及国外联行往来　　　　D. 国外代理行往来

5. 国外代理行往来有多种类型，主要包括_____。

A. 存放国外同业　　　　　　　B. 国外同业存款

C. 国外协定银行往来　　　　　D. 港、澳及国外联行往来

6. 外汇存款的货币种类，根据现行的规定，有_____及美元等货币。

A. 英镑　　　　B. 日元　　　　C. 欧元　　　　D. 加元

7. 凡居住在外国或中国港、澳、台地区的外国人、外籍华人、华侨、短期来华旅游、_____等，以及按国家规定允许将外汇留存给居住在国内的中国人，均可以本人的名义在银行开立乙种外汇存款账户。

A. 驻华代表机构外籍人员

B. 外国专家学者留学生

C. 港、澳、台同胞

D. 居住在中国境内的驻华使领馆外交官

8. 外汇贷款按融资方法及贷款性质不同，可分为现汇贷款、_____和外资贷款等。

A. 进出口押汇　　B. 票据贴现　　C. 银团贷款　　D. 买方信贷

9. 信用证项下出口结算主要包括_____等环节。

A. 出口结汇　　B. 受理与通知　　C. 审单付款　　D. 审单议付

10. 信用证项下进口结算主要包括_____等环节。

A. 受理与通知　　B. 开立信用证　　C. 审单付款　　D. 审单议付

11. 光票托收通常是用于收取_____出口货款尾欠等各种贸易从属费用、进口索赔款项以及其他非贸易结算。

A. 样品费　　　　B. 出口货款　　　　C. 各种佣金　　　　D. 代垫费用

练习题一　练习外汇交易业务的核算

一、资料

1. 中国银行上海市分行卢湾支行发生下列经济业务：

（1）周林先生持 1 000 欧元，来本行兑换人民币。

（2）根据有关规定兑换给出国旅游的吴明先生 1 000 英镑，收取人民币。

（3）史密斯先生持美元现钞 1 500 元，来本行兑换人民币。

（4）王琳女士出国留学，根据有关规定来本行兑取 5 000 美元现钞，收取人民币。

（5）李瑛女士持 1 200 欧元现钞，来行开立个人外汇定期存款美元现钞户，定期 1 年。

（6）周大海先生要求从其"个人外汇活期存款"美元现钞户提取价值 1 600 美元的港币现钞。

2. 中国银行外汇牌价表如图表习题 9-1 所示。

图表习题 9-1

中国银行外汇牌价表

币　　　别		单位	现钞买入价	现汇买入价	卖出价
美元	USD	100	613. 29	618. 24	620. 72
欧元	EUR	100	824. 52	850. 78	857. 62
英镑	GBP	100	1 000. 92	1 032. 80	1 041. 10
港元	HKD	100	79. 09	79. 73	80. 03

二、要求　编制会计分录。

练习题二　练习外汇存款业务的核算

一、资料

1. 中国银行上海市分行黄浦支行发生下列经济业务：

（1）上海服装进出口公司持现钞 10 000 港元，存入其外汇活期存款（港元户）。

（2）收到中国银行纽约分行贷记报单一份，金额为 21 800 美元，系开户单位汉姆公司的出口货款。审核无误后，入该公司外汇活期存款账户。

（3）东方鞋帽进出口公司要求从其外汇活期存款美元户提取现钞8 000美元，用于出国考察零星支出。

（4）收到中国银行香港分行借记报单1 800港元，系华爱公司的货款尾欠，审核无误后，从其外汇活期存款（港元户）支出。

（5）华为民先生的一份金额为10 000美元的定期存单到期，按其要求，将该存单的本金连同利息180美元一并另开一份定期1年的新存单转存。

（6）赵飞云先生持金额为8 000美元已过期10天的1年期定期存单1份，来本行要求提现，该存单定期利率为1.8%，适用活期利率为0.6%。经查，已按规定提取应付利息120美元。

（7）张山先生的个人外汇活期存款（美元现钞户）存折资料如图表习题9-2所示。计提3月20日信息日的应付利息。

图表习题9-2

外汇活期存款

币别：USD　　　　　　　　　利率：0.6%　　　　　　　　计量单位：美元

日　期	摘　要	借　方	贷　方	余　额	天　数	积　数
12/21	承前页			1 800		
3/6			1 200	3 000		

（8）李斯先生持20 000港元现钞，要求存入其在本行的个人外汇活期存款（美元现钞户），套汇后办理转账。

2. 外汇牌价见练习题一"资料2"。

二、要求　编制会计分录。

练习题三　练习现汇贷款及进出口押汇的核算

一、资料

1. 中国银行上海市分行发生以下经济业务：

（1）按贷款合同向东方鞋帽进出口公司发放短期外汇贷款30 000美元，从"存放国外同业"账户中直接支付进口信用证项下货款。

（2）上海粮油进出口公司1年期短期外汇贷款到期，贷款本金50 000美元，利率为4.8%，查已提应付利息1 800美元，从其"吸收活期存款——外币存款"账户中主动扣收贷款本息。

（3）向澳特公司发放临时贷款150 000港元，转入其"吸收活期存款"。

（4）大境公司以人民币购汇归还其所借3个月期美元贷款本息，其借款本金为 40 000 美元,利率为 4.5%。

(5) 新新公司交来即期信用证项下全套出口单据和押汇申请书,金额为 18 000 英镑。经审核单证,同意叙做押汇,估计寄单划款的往来天数为 21 天,押汇利率为 4.5%,计算押汇垫款利息后,办理押汇手续。资金清算在"存放国外同业"账户集中记账。

(6) 承第(5)题。如期收到总行下划的贷记报单,金额为 18 200 英镑,系新新公司的出口货款,其中 200 英镑为本行的议付费用。同时结转"进出口押汇"账户。

(7) 开乐公司提交贸易合同及进口押汇申请书等资料,申请办理信用证项下进口押汇,金额为 22 000 欧元,经信贷部门审核批准办理。收到对方寄来信用证项下全套单据,审核无误后,以进口押汇办理对外付汇手续。本行在对方银行开有存款账户,可分散记账。

(8) 承第(7)题。开乐公司凭有效凭证购汇偿还进口押汇本息,赎取进口单据。经计算,押汇天数为 30 天,押汇利率为 4.5%。

2. 外汇牌价见练习题一"资料 2"。

二、要求 编制会计分录,并列出必要的算式。

练习题四 练习信用证结算方式的核算

一、资料

1. 中国银行上海市分行发生下列经济业务:

(1) 4 月 1 日,收到香港新华银行(使用"港、澳及国外联行往来"账户)开来即期信用证 1 份,金额为 90 000 港元,受益人为上海服装公司。

(2) 4 月 15 日,上海服装公司将金额为 90 000 港元的全套单据随同信用证来行办理议付,审单相符后,即于当日寄出。

(3) 4 月 30 日,收到香港新华银行转来贷记报单,金额为 90 000 港元,扣除 450 港元议付费用后,为上海服装公司办理人民币结汇。

(4) 5 月 3 日,收到法国巴黎银行(使用"存放国外同业"账户)即期信用证一份,金额为 90 000 欧元,受益人为上海丝绸公司。

(5) 5 月 8 日,接到修改通知,信用证增额 10 000 欧元。

(6) 6 月 5 日,上海丝绸公司送来全套单据,金额为 100 000 欧元,单证相符,寄单索汇。

(7) 6 月 16 日,收到法国巴黎银行贷记报单一份,金额为 100 000 欧元,扣除 300 欧元银行议付费用后,当即将货款转入上海丝绸公司"吸收活期存款——外币"账户。

(8) 6 月 18 日,中艺电子公司提出申请,要求本行向中国银行香港分行开出信用证一份购买电子元件,金额为 60 000 美元。信用证规定,单到国内审单付款。

(9) 6 月 30 日,收到中国银行香港分行寄来全套单据,审单相符,当即办理售汇付款手续。

(10) 7 月 1 日,上海食品进出口公司提出申请,要求本行向中国银行伦敦分行开出即期远期结合信用证,金额为 80 000 英镑,条款规定 50 000 英镑为即期付款,30 000 英镑为远期付款(承兑后 30 天付款)。

(11) 7 月 15 日,收到中国银行伦敦分行寄来全套单据,审单相符,当即对即期部分办理售汇付款手续。

(12) 7 月 16 日,上海食品进出口公司承兑信用证远期部分,将于 30 天后付款。

(13) 8 月 15 日,上海食品进出口公司的信用证远期部分到期,办理售汇付款手续。

2. 外汇牌价见练习题一"资料 2"。

二、要求　编制会计分录。

练习题五　练习托收及汇款结算方式的核算

一、资料

1. 中国银行上海市分行发生下列经济业务:

(1) 1 月 5 日,中国矿产进出口公司交来全套单据,出口矿砂一批,金额为 50 000 欧元,要求办理无证托收。本行委托巴黎国民银行托收(使用"存放国外同业"账户)。

(2) 1 月 25 日,收到巴黎国民银行贷记报单一份,偿付 50 000 欧元账款,当即办理人民币结汇。

(3) 3 月 7 日,收到德国德累斯登银行寄来的进口代收全套单据,编号登记后,即送上海机械进出口公司,货款金额为 60 000 美元。

(4) 3 月 10 日,本行接到上海机械进出口公司付款通知,要求通过人民币购汇结算,本行在货款中扣除应由受益人承担的 300 美元后,即发出借记报单(使用"存放国外同业"账户)。

(5) 3 月 15 日,上海机械进出口公司要求将一笔 120 000 港元的账款从其"吸收活期存款"账户汇给香港九龙公司,本行通过中国银行香港分行解付。

(6) 3 月 22 日,收到中国银行香港分行转来的 120 000 港元解付通知书。

(7) 4 月 2 日,上海服装进出口公司要求汇付出口佣金 3 000 美元,审核无误后,通过售汇汇出,同时以人民币收取 1% 汇费。

(8)4月10日,收到国外联行3 000美元的借记报单,予以转账(使用"存放国外同业"账户)。

2.外汇牌价见练习题一"资料2"。

二、要求　编制会计分录。

第十章　中央银行业务

判　断　题

一、是非题

1. 中央银行的货币发行主要通过商业银行向中央银行提现业务实现的。

（　　）

2. 印制厂将印制完毕的票币送交中央银行，即为货币发行。（　　）

3. 发行基金的调拨必须按照上级库签发的调拨命令办理。（　　）

4. 损伤票币的销毁必须由分行集中办理。（　　）

5. 中央银行总行设发行库，分支机构设业务库。（　　）

6. 发行库设在中央银行，所以发行库业务使用中国人民银行统一会计科目进行会计核算。（　　）

7. 国库经收处是最基层的一级国库机构。（　　）

8. 库款支拨是指各级财政部门根据核定的预算计划将国库收纳的预算款拨付给各预算单位。（　　）

9. 各级库款的支拨，可以采用转账方式，也可以支付现金。（　　）

二、单项选择题

1. 下列选项中，_____不属于中央银行的基本职能。

A. 政府的银行　　B. 银行的银行　　C. 贷款的银行　　D. 发行的银行

2. _____为我国唯一的货币发行银行。

A. 中国工商银行　B. 中国农业银行　C. 中国银行　　　D. 中国人民银行

3. 下列业务中，_____既引起银行资金的增减变动，又引起发行基金的增减变动。

A. 货币回笼　　　　　　　B. 发行基金的保管

C. 发行基金的调拨　　　　D. 损伤票币的销毁

4. 货币发行业务采用的记账方法是_____。

A. 借贷记账法单式记账　　　B. 借贷记账法复式记账

C. 收付记账法单式记账　　　D. 收付记账法复式记账

三、多项选择题

1. 中央银行的银行业务主要包括转贴现和再贷款、_____和货币发行业务。

A. 代理国库业务   B. 金银、外汇储备

C. 证券买卖业务   D. 集中存款准备金

2. 下列账户中,_____为发行库专用账户。

A. "发行基金"

B. "发行基金往来"

C. "印制及销毁票币"

D. "总行重点库发行基金"

3. 我国的国库分为_____。

A. 中央国库   B. 省国库   C. 地方国库   D. 县国库

4. 下列账户中,_____为地方国库专用账户。

A. "待报解地方预算收入"   B. "待结算财政款项"

C. "地方财政库款"   D. "待报解中央和地方共享收入"

5. 预算收入的收纳方式有_____。

A. 分散缴库   B. 自收汇缴

C. 集中缴库   D. 就地缴库

练习题一 练习发行基金保管和调拨的核算

一、资料 中国人民银行上海市分行发生下列经济业务:

1. 收到铸币厂送来 1 元硬币 100 000 个,验收入库,根据入库通知单记账,并电告总库。

2. 接总库调拨命令,从本分库调拨发行基金 200 000 元至总库,办妥调出手续,发行基金已出库。

3. 接总库调拨命令,浙江分库调拨发行基金 300 000 元至本库,办妥调入手续,发行基金已入库。

4. 收到印钞厂送来 100 元面值纸币 50 000 张,20 元面值纸币100 000张,验收入库,根据入库通知单记账,并电告总库。

5. 接总库调拨命令,从本分库调拨发行基金 400 000 元至江西分库,办妥调出手段,发行基金已出库。

6. 接总库调拨命令,由总库调来发行基金 250 000 元,办妥调入手续,发行基金验收入库。

二、要求 编制本库、总库及相关发行库的会计分录。

练习题二　练习货币发行、回笼及损伤票币销毁的核算

一、资料

1. 有关银行发生下列经济业务：

(1) 中国工商银行徐汇支行开出现金支票一张；计 150 000 元，向中国人民银行徐汇支行（支库）提取现金。中国人民银行在其存款额度内支付，并于当日通知市分行。

(2) 承第(1)题。国库上海市分库接到徐汇支库的通知，于当日处理发行库账务，并电告总库。

(3) 承第(2)题。总库接到上海市分库电报，处理发行库总库及中国人民银行账务。

(4) 中国人民银行上海市分行收到农业银行上海市分行送款单，交来回笼货币 180 000 元。处理分库及分行账务，并电告总库。

(5) 承第(4)题。中国人民银行总行（总库）收到上海市分行电报，处理发行库及中国人民银行账务。

2. 有关银行发生下列经济业务：

(1) 中国人民银行某中心支库销毁点根据上级分库签发的销毁命令，销毁损伤票币共计78 260元。同时将两份销毁表上报分库。

(2) 分库收到两份销毁表后，一份留存据以进行账务处理，一份上报总库。

(3) 总库收到分库送来的销毁表，据以进行账务处理。

二、要求

1. 根据"资料1"，编制各级人民银行、发行库及商业银行的会计分录。

2. 根据"资料2"，编制会计分录。

练习题三　练习预算收入收纳和报解的核算

一、资料

1. 中国工商银行第一支行作为国库经收处发生下列业务：

(1) 县化肥厂缴纳甲种税 12 000 元，乙种税 4 500 元。

(2) 县电机厂缴纳乙种税 6 000 元，丙种税 2 600 元。

(3) 收到所属经收处划来（同城交换）代收预算收入甲种税 35 000元。

(4) 将当日所收甲种税 47 000 元、乙种税 10 500 元和丙种税 2 600 元，通过同城交换划缴中国人民银行支库。

2. 中国人民银行第二支行（支库）发生下列业务：

收到中国工商银行第一支行解来预算收入，甲种税 47 000 元，按规定为中央预

算收入;乙种税 10 500 元,为中央和地方共享收入,其中,40%归中央财政所有,60%归地方财政所有(省财政为 50%,地区财政为 30%,县财政为 20%);丙种税 2 600 元,为地方分成预算收入(省财政为 40%,地区财政为 30%,县财政为 30%)。

3. 中央和地方共享收入的比例是:50%中央、30%省级、20%地级。

二、要求

1. 根据"资料 1"、"资料 2",编制商业银行经收处、人民银行县支行及支库的会计分录。

2. 作出支库对预算收入进行划分并报解中心支库的账务处理。

3. 作出中心支库收到支库上划的各级待报解预算收入,并按规定报解的账务处理。

练习题四　练习库款支拨的核算

一、资料

1. 总库接到财政部的拨款凭证,向上海市部属高校拨付经费 3 000 000 元。

2. 中国人民银行上海市分行收到总库的拨款报单 3 000 000 元,转入相关部属高校的开户银行——中国工商银行账户。

3. 中国工商银行上海市分行将财政拨款转入相关高校的存款账户,其中 A 大学、B 大学、C 大学各 1 000 000 元。

二、要求　编制会计分录。

第十一章 固定资产、无形资产和长期待摊费用

判 断 题

一、是非题

1. 固定资产是指为生产商品、提供劳务或经营管理而持有的、使用寿命超过一个会计年度、单位价值较高的有形资产。 （　　）

2. 固定资产净额可以反映企业固定资产的实有价值。 （　　）

3. 购置的固定资产其入账价值包括实际支付的买价，相关税费，使固定资产达到预定可使用状态前所发生的运输费、装卸费和专业人员服务费等其他支出。 （　　）

4. 投资者投入的固定资产，应按投资合同或协议约定的价值，借记"固定资产"账户，贷记"实收资本"账户。 （　　）

5. 应计折旧额是指应当计提的固定资产损耗的价值。 （　　）

6. 固定资产可收回金额应当根据固定资产的公允价值减去处置费用后的净额与资产预计未来现金流量的现值两者之间的较高者确定。 （　　）

7. 已计提减值准备的固定资产在以后会计期间其价值回升时，可以在原已计提减值金额的范围内予以转回。 （　　）

8. 固定资产减值损失确认后，减值资产的折旧应当在未来期间作相应的调整。 （　　）

9. 固定资产报废时，如变价收入大于处置费用，其差额应列入"营业外收入"账户。 （　　）

10. 企业自行开发无形资产发生的研究、开发支出均应列入无形资产的成本。 （　　）

11. 使用寿命有限的无形资产应当在使用寿命内系统合理摊销；使用寿命不确定的无形资产不应摊销。 （　　）

二、单项选择题

1. ＿＿＿＿＿是固定资产的基本计量标准。

A. 买价   B. 净额

C. 净值   D. 原始价值

2. 银行采用加速折旧法是为了_____。

A. 在较短的时间内收回固定资产的全部投资

B. 合理地提取固定资产折旧

C. 在近期内减少银行的利润

D. 在较短的时间内收回固定资产的大部分投资

3. 固定资产发生盘亏时，应根据_____转入"待处理财产损溢"账户。

A. 原始价值   B. 净额

C. 净值   D. 市场价格减估计的价值损耗

三、多项选择题

1. 计提固定资产折旧的范围有_____。

A. 作为固定资产入账的土地   B. 当月增加的固定资产

C. 当月减少的固定资产   D. 大修理停用的固定资产

2. 固定资产后续支出包括对现有固定资产进行扩建、_____。

A. 重建   B. 改良   C. 维护   D. 改建

3. 在固定资产报废清理过程中会发生_____。

A. 处置费用   B. 意外损失   C. 变价收入   D. 意外收益

4. 在固定资产报废清理核算中，其最终的损益列入_____账户。

A. "其他业务收入"   B. "其他业务成本"

C. "营业外收入"   D. "营业外支出"

5. 通过"固定资产清理"账户核算的有_____。

A. 对外投资的固定资产   B. 出售的固定资产

C. 报废毁损的固定资产   D. 盘亏的固定资产

6. 企业确认无形资产必须同时满足_____的条件。

A. 该无形资产不具备实物形态

B. 与该无形资产有关的经济利益很可能流入企业

C. 该无形资产所提供的经济利益具有不确定性

D. 该无形资产的成本能够可靠地计量

练习题一　练习固定资产取得的核算

一、资料　中国银行郑州支行发生下列有关经济业务：

1. 3月1日，向天津复印机厂购进复印机一台，买价10 000元，增值税额1 700元，运输费250元，全部款项一并汇付对方。复印机已运到并验收使用。

2. 3月6日,向上海监控设备厂购置监控设备一套,买价 30 000 元,增值税额 5 100 元,运输费 420 元。款项已汇付该厂,监控设备也已运到并验收入库。

3. 3月8日,监控设备交付安装公司进行安装。

4. 3月15日,签发转账支票支付监控设备的安装费用 1 500 元。

5. 3月16日,监控设备安装完毕,达到预定可使用状态,已验收使用,予以转账。

6. 3月22日,接受长江公司投入房屋一间,已验收使用。投资合同约定该房屋按 300 000 元计量。审核无误后,予以入账。

7. 3月31日,收到浦江汽车厂捐赠的面包车一辆,市场价格为 90 000 元,另签发转账支票支付手续费等相关费用 1 500 元,小汽车已收到,并验收使用。

二、要求　编制会计分录。

练习题二　练习固定资产折旧的核算

一、资料

1. 中国工商银行南市支行有关的资料如图表习题 11-1 所示。

图表习题 11-1

固定资产明细账有关资料

固定资产名　称	计量单位	数　量	单位原价（元）	预计使用寿命（年）	预计净残值率（%）	月折旧额（元）
营业大厅	间	1	360 000	30	4	
办公室	间	1	180 000	30	4	
小汽车	辆	1	150 000	6	4	
电脑	台	6	7 500	5	4	
点钞机	台	4	3 600	5	4	
监控设备	套	1	48 000	5	4	

2. 其他有关的资料如下:

小汽车预计可行驶 300 000 千米,从第 1 年起至第 6 年行驶的结果分别为 52 000 千米、47 500 千米、51 800 千米、48 600 千米、52 500 千米和 47 600 千米。

二、要求

1. 根据"资料 1",用年限平均法计算各项固定资产的应计折旧额,并编制会计分录。

2. 根据"资料 1"、"资料 2",对小汽车采用工作量法,对监控设备采用两种加速折旧法计算各年的应计折旧额。

练习题三 练习固定资产的减值、后续支出、处置和盘亏的核算

一、资料 中国工商银行苏州支行发生下列有关的经济业务：

1. 9月1日，有营业厅一间，原值400 000元，已提折旧120 000元，将该营业厅委托安凯建筑公司扩建，予以转账。

2. 9月28日，签发转账支票支付安凯建筑公司扩建营业厅款180 000元。

3. 9月29日，营业厅已扩建完毕，达到预定可使用状态，验收使用。该营业厅预计可收回金额为468 000元，予以转账。

4. 9月29日，签发转账支票支付中央空调修理费用15 000元。

5. 9月30日，小汽车一辆原价120 000元，已提折旧50 000元，现由于市价持续下跌，每辆可收回金额为45 000元，计提其减值准备。

6. 10月8日，有不需用复印机一台，原值10 800元，已提折旧4 800元，已提减值准备1 000元，经批准决定出售，予以转账。

7. 10月10日，出售不需用复印机一台，收入5 200元，存入本行存款户。

8. 10月12日，将出售不需用复印机净收益入账。

9. 10月16日，办公室一间，原值250 000元，已提折旧240 000元，已提减值准备2 000元，经批准报废清理，并予以转账。

10. 10月22日，签发转账支票支付办公室处置费用6 000元。

11. 10月25日，出售办公室的残料变价收入11 200元，存入本行存款户。

12. 10月26日，清理办公室完毕，予以转账。

13. 10月28日，盘亏旧点钞机一台，原始价值为3 600元，已提折旧2 500元，已提减值准备300元，予以转账。

14. 10月31日，盘亏的旧点钞机报经领导批准，予以核销转账。

二、要求 编制会计分录。

练习题四 练习无形资产和长期待摊费用的核算

一、资料 中国银行静安支行发生有关的经济业务如下：

1. 2月28日，本行自行研究开发一项管理专有技术，分配管理专有技术开发人员在研究阶段的工资4 500元，并计提职工福利费630元。

2. 2月28日，结转研发支出。

3. 3月2日，管理专有技术进入开发阶段，签发转账支票购买开发用材料4 320元。

4. 3 月 10 日，签发转账支票支付忆阳软件公司参与开发管理专有技术的费用 28 800 元。

5. 3 月 31 日，分配管理专有技术人员在开发阶段的工资 30 000 元，并计提职工福利费 4 200 元。

6. 4 月 2 日，管理专用技术项目开发成功，结转其开发成本。该项管理专有技术预计使用寿命 10 年。

7. 4 月 10 日，向国家土地管理局支付 438 000 元，以取得土地使用权 30 年。在洽购时，支付咨询费、手续费 12 000 元，款项一并签发转账支票支付。

8. 4 月 12 日，将一项专利权出售给中国银行泰州支行，收入为 150 000 元。收到转账支票存入银行，按出售收入的 5% 计提营业税。该项专利权的账面原值为 180 000 元，已摊销了 60 000 元。

9. 4 月 15 日，将一项管理专有技术出租给中国银行桂林支行，收入为 80 000 元，存入银行。

10. 4 月 30 日，分配去指导管理专有技术应用的人员的工资 3 500 元，并计提职工福利费 490 元。

11. 4 月 30 日，摊销上月份取得的、本月份负担的管理专有技术和土地使用权费用。

12. 4 月 30 日，将租入房屋改建为营业厅，签发转账支票支付沪南建筑公司改建费用 120 000 元。

13. 5 月 25 日，租入房屋改建营业厅竣工，该营业厅的租赁期为 10 年，营业厅尚可使用 12 年，摊销本月份应负担的营业厅改建支出。

14. 12 月 31 日，有一项专利权账面原值为 100 000 元，已摊销了 60 000 元，因有其他新技术出现，使该项专利权的盈利能力大幅度下降，预计其在剩余使用寿命内未来盈利的现值为 32 000 元，计提其减值准备。

二、要求　编制会计分录。

第十二章 对外投资

判 断 题

一、是非题

1. 短期投资是指能够随时变现,并且持有时间不准备超过1年的投资。（　　）

2. 交易性金融资产包括企业持有的债券投资、股票投资、权证投资等和直接指定以公允价值计量且其变动计入当期损益的金融资产。（　　）

3. 交易性金融资产出售,净收入高于其成本的差额,应贷记"投资收益"账户。

（　　）

4. 企业溢价购进债券,是因为债券的票面利率小于市场利率。（　　）

5. 债券折价款是被投资企业为了补偿投资企业以后各期少收利息而预先少付的款项。（　　）

6. 可供出售金融资产重分类为持有至到期投资时,其账面价值与公允价值之间的差额应列入"资本公积"账户。（　　）

7. 非同一控制下企业合并,其合并成本小于取得被购买方可辨认净资产公允价值,其差额应列入"资本公积"账户。（　　）

8. 投资企业对被投资单位具有共同控制或重大影响的长期股权投资,应采用权益法核算。（　　）

9. 控制是指有权决定一个企业的经营政策,并能据以从该企业的经营活动中获取利益。（　　）

10. 权益法是指长期股权投资最初以投资成本入账,以后根据投资企业享有被投资单位所有者权益份额的变动对投资的账面价值进行调整的方法。（　　）

11. 重大影响是指对一个企业的财务和经营政策有参与决策的权力,但并不能够控制或者与其他方一起共同控制这些政策的制定。（　　）

12. 企业长期股权投资采用权益法核算,收到被投资企业发放的现金股利时,其长期股权投资账户的数额应保持不变。（　　）

二、单项选择题

1. 交易性金融资产在持有期间收到被投资单位宣告发放的现金股利时,应贷记_____账户。

  A. "交易性金融资产——成本" B. "投资收益"

  C. "应收股利" D. "公允价值变动损益"

  2. 企业进行持有至到期投资,溢价购进债券而产生的利息调整额,通过分期摊销完毕后,在收回债券本金时"持有至到期投资"账户的余额_____债券的面值。

  A. 大于 B. 小于

  C. 可能大于,也可能等于 D. 等于

  3. 持有至到期投资重分类为可供出售金融资产时,其账面价值与公允价值之间的差额列入_____账户。

  A. "公允价值变动损益"

  B. "资本公积"

  C. "投资收益"

  D. "可供出售的金融资产——公允价值变动"

  4. 企业为进行长期股权投资,于6月份购进股票,采用成本法核算,次年被投资单位宣告分派现金股利时,应_____。

  A. 作为投资收益

  B. 作为投资成本的收回

  C. 作为投资损益的调整

  D. 部分作为投资收益、部分作为投资成本的收回

  5. 企业为进行长期股权投资、于年初购进股票,采用权益法核算,次年初被投资单位宣告分派现金股利时,应_____。

  A. 作为投资收益

  B. 作为投资成本的收回

  C. 作为投资损益的调整

  D. 部分作为投资收益、部分作为投资成本的收回

  6. 购进股票或债券作为_____入账的,其购进时发生的交易费用列入"投资收益"账户。

  A. 交易性金融资产 B. 可供出售金融资产

  C. 持有至到期投资 D. 长期股权投资

  7. _____期末的公允价值与账面余额不同时,其差额列入"资本公积"账户。

  A. 交易性金融资产 B. 持有至到期投资

  C. 可供出售金融资产 D. 长期股权投资

8. 已确认的减值损失的_____,在随后的会计期间,其公允价值上升的,应在原已计提的减值准备金额内予以转回。

A. 交易性金融资产
B. 持有至到期投资
C. 可供出售金额资产
D. 长期股权投资

三、多项选择题

1. 长期投资按照投资的目的不同,可分为_____。

A. 可供出售金额资产
B. 持有至到期投资
C. 交易性金融资产
D. 长期股权投资

2. 短期投资具有投资收回快、_____的特点。

A. 风险小
B. 变现能力强
C. 机动灵活
D. 投资收益大

3. 长期投资的目的是_____。

A. 为扩展生产经营规模筹集资金

B. 获得高额利润

C. 为大规模更新生产经营设施筹集资金

D. 影响与控制被投资单位的经营业务

4. 企业采用权益法核算时,当被投资单位_____时,应增加长期股权投资。

A. 实现了净利润
B. 资本溢价
C. 宣告分派现金股利
D. 收到现金股利

5. _____期末发生减值时,应当计提资产减值准备。

A. 持有至到期投资
B. 可供出售金融资产
C. 长期股权投资
D. 投资性房地产

6. _____期末的公允价值与账面余额不同时,其差额列入"公允价值变动损益"账户。

A. 持有至到期投资
B. 可供出售金融资产
C. 交易性金融资产
D. 长期股权投资

练习题一　练习交易性金融资产的核算

一、资料　交通银行南京支行发生下列有关经济业务:

1. 2月1日,购进申江公司股票 10 000 股,每股 5.60 元,另以交易金额的 3‰ 支付佣金,1‰缴纳印花税,款项一并签发转账支票支付。该股票为交易目的而持有。

2. 2月5日,购进江浦公司股票 15 000 股,每股 5 元,另以交易金额的 3‰ 支付佣金,1‰缴纳印花税,款项一并签发转账支票支付。江浦公司已于 2月1日宣告定于 2月11日分派现金股利,每股 0.11 元。该股票为交易目的而持有。

3. 2 月 11 日,收到本行持有 2 月 5 日购进的江浦公司 15 000 股股票的现金股利 1 650 元,存入银行。

4. 2 月 18 日,收到本行持有 2 月 1 日购进的申江公司股票 10 000 股的现金股利 1 200 元,存入银行。

5. 2 月 27 日,以 1 080 元购进中信公司上一年发行的债券 100 张,每张面值 1 000 元,以交易金额 1‰支付佣金,款项一并签发转账支票支付。该债券年利率为 8%,每年 2 月 27 日支付利息。该债券为交易目的而持有。

6. 2 月 28 日,收到中信公司付来债券利息 8 000 元,存入银行。

7. 2 月 28 日,申江公司股票每股公允价值为 5.65 元,江浦公司股票每股公允价值为 5.10 元,中信公司 1 000 元面值债券的公允价值为 1 000.10 元,予以转账。

8. 2 月 28 日,将公允价值变动损益结转"本年利润"账户。

9. 3 月 15 日,出售持有的申江公司股票 10 000 股,每股 5.80 元,另按交易金额 3‰支付佣金,1‰缴纳印花税,收到出售净收入,存入银行。

10. 3 月 30 日,出售持有的中信公司债券 100 张,每张面值 1 000 元,现按 1 005 元成交,另按交易金额 1‰支付佣金。收到出售净收入,存入银行。

二、要求　编制会计分录。

练习题二　练习持有至到期投资的核算

一、资料

1. 中国工商银行苏州支行发生下列有关经济业务:

(1) 3 月 31 日,购进新发行的沪江公司 2 年期债券 84 张,每张面值 1 000 元,按面值购进,并按交易金额的 1‰支付佣金,当即签发转账支票,支付全部款项。债券的票面年利率为 8%,到期一次还本付息。该债券准备持有至到期。

(2) 3 月 31 日,购进新发行的银河公司 4 年期债券 120 张,每张面值 1 000 元,购进价格为 1 033.09 元,并按交易金额 1‰支付佣金,当即签发转账支票支付全部款项。债券的票面年利率为 9%,而实际年利率为 8%,每年 3 月 31 日支付利息。该债券准备持有至到期。

(3) 3 月 31 日,购进新发行的天宝公司 2 年期债券 90 张,每张面值 1 000 元,购进价格为 982.13 元,并按交易金额的 1‰支付佣金,债券的票面年利率为 7%,而实际年利率为 8%,每年 3 月 31 日支付利息。该债券准备持有至到期。

(4) 4 月 30 日,分别预计购进的三种债券本月份的应收利息入账。

(5) 5 月 30 日,今决定将持有的沪江公司债券重分类为可供出售金融资产,该 1 000 元面值债券的公允价值为 1 013 元,予以转账。

2. 次年接着又发生下列有关经济业务：

(1) 3月31日，收到银河公司付来去年发行的债券利息，存入银行。

(2) 3月31日，收到天宝公司付来去年发行的债券利息，存入银行。

(3) 4月25日，出售天宝公司发行的2年期债券90张，每张面值1 000元，现按996元出售，另按交易金额的1‰支付佣金，收到出售净收入，存入银行。

(4) 4月30日，银河公司因发生严重的财务困难，现1 000元面值的债券仅为1 016元，计提其减值准备。

(5) 5月15日，出售银河公司发行的4年期债券120张，每张面值1 000元，出售价格为1 015.90元，另按交易金额的1‰支付佣金，收到出售净收入，存入银行。

二、要求

1. 编制会计分录(用直线法摊销利息调整额)。

2. 用实际利率法计算利息调整各年的摊销额。

练习题三　练习可供出售金融资产的核算

一、资料　中国银行宁波支行发生下列有关的经济业务：

1. 4月5日，购进华源公司股票25 000股，每股6元，另以交易金额3‰支付佣金，1‰缴纳印花税，款项一并签发转账支票付讫，该股票准备日后出售。

2. 4月10日，购进天平公司股票20 000股，每股8元，另以交易金额3‰支付佣金，1‰缴纳印花税，款项一并签发转账支票付讫，天平公司已于4月5日宣告将于4月20日分派现金股利，每股0.26元。该股票准备日后出售。

3. 4月20日，收到天平公司发放的现金股利，每股0.26元，计5 200元，存入银行。

4. 4月25日，收到华源公司发放的现金股利，每股0.12元，计3 000元，存入银行。

5. 4月30日，购进中兴公司按面值发行的3年期债券150 000元，另以交易金额的1‰支付佣金，款项一并签发转账支票支付，该债券年利率为8%，每年4月30日付息。该债券准备日后出售。

6. 4月30日，华源公司股票每股公允价值6.20元，天平公司股票每股公允价值7.90元，调整其账面价值。

7. 5月25日，出售华源公司股票25 000股，每股6.50元，另按交易金额3‰支付佣金，1‰缴纳印花税，收到出售净收入，存入银行。

8. 5月31日，天平公司因经营失误发生严重财务困难，其股票的公允价值大幅度下降，每股为7.25元，计提其减值准备。

二、要求　编制会计分录。

练习题四　练习长期股权投资的核算

一、资料

1. 中国工商银行广州支行发生下列有关的经济业务：

(1) 2013 年 3 月 31 日，购进非上市的安昌股份有限公司股票150 000股，每股 5 元，占该公司股份的 5%，对其不具有共同控制或重大影响。签发转账支票支付股票价款，并支付相关交易费用 3 000 元。

(2) 2014 年 2 月 1 日，安昌股份有限公司宣告将于 2 月 11 日发放现金股利，每股 0.16 元。查该公司上年度的净利润为 600 000 元。

(3) 2014 年 2 月 28 日，安昌股份有限公司发生严重财务困难，经确定这部分投资未来现金流入的现值为 675 000 元，交易费用为 4‰，计提其减值准备。

2. 中国建设银行关中支行发生下列有关的经济业务：

(1) 1 月 2 日，从东川公司股东中购入该公司 40% 的股权，取得了对东川公司的共同控制权。而对价付出资产的账面价值为 1 960 000 元，其中：抵债的厂房一幢，已按公允价值 1 210 000 元入账，其余750 000元签发转账支票付讫。

(2) 1 月 3 日，东川公司接受本行投资后，可辨认净资产公允价值为 5 000 000 元，按本行享有 40% 的份额，调整长期股权投资。

(3) 12 月 31 日，东川公司的利润表上的净利润为 600 000 元。

(4) 12 月 31 日，东川公司的资产负债表上因资本溢价因素增加了所有者权益 50 000 元，按持股比例，确认应享有的份额入账。

(5) 次年 3 月 20 日，东川公司宣告将于 3 月 30 日按净利润的 60% 分配利润。

(6) 次年 3 月 30 日，收到东川公司分配来的利润，存入银行。

(7) 次年 9 月 30 日，以 620 000 元出售本行持有东川公司 10% 的股权，扣除交易费用 2 480 元后，收到出售股权净收入 616 900 元。

二、要求　编制会计分录。

第十三章 所有者权益

判 断 题

一、是非题

1. 所有者权益投资者的投资收益与银行经营的好坏密切相关,而债权人的投资收益与银行经营好坏无关。   (   )

2. 实收资本是指投资者按照银行章程或合同协议的约定,实际投入银行的资本。   (   )

3. 注册资本可以一次或分次缴纳,银行的全体股东的首次出资额不得低于注册资本的20％,其余部分由股东自银行成立之日起,在2年内缴足。   (   )

4. 优先股比普通股有一定的优先权,因此获得的股利丰厚,投资风险也小。

                                                                  (   )

5. 在我国,股票与债券一样,可以按面值发行,也可以按溢价或折价发行。

                                                                  (   )

6. 股份支付是指银行为获得职工提供服务而授予权益工具或者承担以权益工具为基础确定的负债的交易。   (   )

7. 股份支付的确认和计量,应当以真实、有效的股份支付协议为基础。 (   )

8. 股份支付的市场条件是指行权价格、可行权条件以及行权可能性与权益工具的市场价格相关的业绩条件。   (   )

9. 资本公积是指企业收到投资者出资额超出其在注册资本或股本中所占份额的部分,以及直接计入所有者权益的利得和损失。   (   )

10. 资本公积和盈余公积与银行的净利润均有一定的关系。   (   )

11. 资本公积和盈余公积均可以用于转增银行资本。   (   )

二、单项选择题

1. _____是指投资者按照企业章程或合同、协议约定实际投入企业的资本。

   A. 投入资本   B. 注册资本
   C. 实收资本   D. 资本公积

2. 股份有限公司溢价发行股票时,其超过面值的溢价金额应列入＿＿＿＿＿＿＿账户。

A. "股本——股本溢价"　　　　　　　B. "投资收益"

C. "资本公积"　　　　　　　　　　D. "营业外收入"

3. 股份支付在授予后,公司在等待期间每个会计期末,应将取得职工提供的服务计入成本、费用,计入成本、费用的金额应当按照＿＿＿＿＿＿＿的公允价值计量。

A. 金融资产　　　B. 金融工具　　　C. 衍生工具　　　D. 权益工具

4. 银行提取的法定盈余公积如已超过注册资本的＿＿＿＿＿＿＿时,可以不再提取。

A. 25％　　　　　B. 50％　　　　　C. 75％　　　　　D. 100％

5. 银行以法定盈余公积转增资本时,按规定保留的余额不应少于注册资本的＿＿＿＿＿＿＿。

A. 10％　　　　　B. 15％　　　　　C. 25％　　　　　D. 50％

三、多项选择题

1. 所有者权益与债权人权益在性质上的区别主要表现为＿＿＿＿＿＿＿。

A. 参与银行经营管理的权利不同

B. 与银行经营业绩的联系程度不同

C. 对银行资产的要求权在顺序上不同

D. 投资的期限不同

2. 所有者权益包括实收资本、＿＿＿＿＿＿＿。

A. 资本公积　　　B. 盈余公积　　　C. 应付股利　　　D. 未分配利润

3. 库存股主要用于＿＿＿＿＿＿＿。

A. 以股份支付奖励职工　　　　　　B. 减少实收资本

C. 减少注册资本　　　　　　　　　D. 减少资本公积

4. 行权日是指＿＿＿＿＿＿＿行使权力,获取现金或权益工具的日期。

A. 债权人　　　　B. 股东　　　　　C. 职工　　　　　D. 其他方

5. 盈余公积可以用于＿＿＿＿＿＿＿。

A. 弥补亏损　　　B. 转增企业资本　C. 职工集体福利　D. 发放职工奖金

6. ＿＿＿＿＿＿＿可以转作资本。

A. 资本公积　　　B. 法定盈余公积　C. 任意盈余公积　D. 未分配利润

练习题一　练习投资者投入资本的核算

一、资料

1. 2013 年,华美银行新设立时发生有关的经济业务如下:

（1）1 月 5 日，黄海银行投入房屋一幢，验收使用，按投资合同约定的 50 000 000 元入账。

（2）1 月 6 日，收到黄海银行的转账支票，金额为 209 500 000 元，存入本行存款户。

（3）1 月 10 日，收到美国大通银行汇入的 24 200 000 美元，存入本行存款户，当日美元折算人民币的中间汇率为 6.20 元。

（4）1 月 12 日，美国大通银行投入管理专有技术，按投资合同约定的 460 000 元入账。

2. 2014 年，华美银行的投资者决定扩大经营规模，经批准将注册资本扩充到 500 000 000 元。

（1）1 月 10 日，收到黄海银行的转账支票，金额为 56 188 000 元，存入银行。投入资金占该银行注册资本的 10.216%。

（2）1 月 15 日，收到美国大通银行汇入的 6 950 000 美元，存入银行，当日美元折算人民币的中间汇率为 6.16 元，投入资金占该银行注册资本的 7.784%。

3. 中海发展银行股份有限公司发生下列有关的经济业务：

2014 年 1 月 10 日，增发普通股 5 000 000 股，每股面值 1 元，委托证券公司溢价发行，每股 5 元，发行费用 200 000 元。证券公司发行完毕后，扣除发行费用，付来发行款 24 800 000 元，存入本行存款户。

二、要求 编制会计分录。

练习题二　练习库存股的核算

一、资料

1. 南方发展银行股份有限公司 2013 年年初决定，根据股份支付协议收购本行 40 000 股普通股股票奖励本行职工。该年年末若能使净利润比上一年增长 16% 以上的，40 000 股普通股将全部奖励给职工。授予日本行普通股公允价值为每股 7.50 元。

（1）2013 年 1 月 31 日，根据本行本月份的经营情况，预计能够达到增收奖励的目标，将本月份职工提供服务应奖励的金额计入费用。

（2）2013 年 3 月 28 日，购进本行普通股股票 40 000 股，每股 7.40 元，另按交易金额的 3‰支付佣金，1‰缴纳印花税，款项一并签发转账支票支付。

（3）2014 年 1 月 25 日，2010 年银行达到增收的奖励目标，予以行权，将 40 000 股普通股股票奖励给职工，按授权日普通股股票公允价值确认的金额转账。（2013 年 2～12 月均按该年 1 月份的标准将职工提供服务应奖励的金额入账）

2. 安泰银行股份有限公司"资本公积——资本溢价"账户余额为 1 265 500 元，

"盈余公积"账户余额为 596 600 元。现发生下列有关的经济业务：

（1）1 月 15 日，购进本行普通股股票 150 000 股，每股 6 元，另按交易金额的 3‰支付佣金，1‰缴纳印花税，款项一并签发转账支票付讫。

（2）1 月 20 日，购进本行普通股股票 100 000 股，每股 6.10 元，另按交易金额的 3‰支付佣金，1‰缴纳印花税，款项一并签发转账支票付讫。

（3）1 月 22 日，今决定将收购本行 250 000 股普通股股票全部予以注销，以减少注册资本。该股份每股面值 1 元，予以转账。

二、**要求**　编制会计分录。

练习题三　练习资本公积和盈余公积的核算

一、**资料**　太州银行 12 月份发生下列经济业务：

1. 1 日，本行原有注册资本 480 000 000 元，留存收益 48 000 000 元。经批准将注册资本增至 600 000 000 元。今收到大洋银行出资的支票金额为 66 132 000 元，存入银行。其投入资金占本行注册资本的 9.185%。

2. 2 日，本行收到外商飞浦公司汇入的 12 600 000 美元，当日美元折算人民币的中间汇率为 6.18 元。其投入资金占本行注册资本的 10.815%。

3. 31 日，本行持有卢海公司 40%的股权，采用权益法核算，年末，卢海公司除净损益外，所有者权益增加了 50 000 元，持股比例不变，予以转账。

4. 31 日，本行持有的以可供出售金融资产入账的昌明公司股票 10 000 股，其账面价值成本为 75 300 元，公允价值变动为借方余额 2 000 元，今日公允价值为每股 8.05 元，予以转账。

5. 31 日，本行持有的太行公司按面值发行的 3 年期债券 100 000 元，年利率为 8%，到期一次还本付息，已按持有至到期投资入账。现决定将其重分类为可供出售金融资产，该债券账面价值：成本为 100 100 元，应计利息为 8 000 元。现公允价值为 108 800 元，予以转账。

6. 31 日，本行净利润为 600 000 元，按 10%的比例提取法定盈余公积，按 6%的比例提取任意盈余公积。

7. 31 日，经批准将资本公积 200 000 元、法定盈余公积 250 000 元转增资本。

二、**要求**　编制会计分录。

第十四章 收入、成本、费用、税金和利润

判 断 题

一、是非题

1. 收入的确认和计量应遵循权责发生制和收入与费用相配比的要求。（　　）

2. 营业收入由利息收入、金融企业往来收入、手续费收入、汇兑收益、投资收益和其他业务收入组成。（　　）

3. 其他业务收入包括咨询服务收入、租赁业务收入、罚款收入和其他服务收入等。（　　）

4. 最终会减少银行的资源和最终会减少银行的利润是费用的两个特点。（　　）

5. 费用按照经济用途可分为营业成本、业务及管理费和营业外支出。（　　）

6. 费用是通过所使用或所耗用的资产或发生的业务所耗用的劳务价值来计量的,其计量标准是实际成本。（　　）

7. 金融企业往来支出是指银行在经营过程中,与中央银行之间、其他商业银行之间、其他金融机构之间及系统内联行之间因资金往来而发生的利息支出。（　　）

8. 手续费支出是指银行委托其他单位办理存款、结算业务所发生的手续费以及参加票据交换的管理费支出。（　　）

9. 营业外支出主要包括非流动资产处置损失、债务重组损失、公益性捐赠支出、盘亏损失、汇兑损失、其他支出、罚款支出和非常损失等。（　　）

10. 银行在与或有事项相关的义务同时满足下列条件时,应当予以确认为预计负债：① 履行该义务很可能导致经济利益流出企业。② 该义务的金额能够可靠地计量。（　　）

11. 所得税是指企业就其全年的生产经营所得和其他所得征收的税款。（　　）

12. 应纳税暂时性差异是指在确定未来收回资产期间的应纳税所得额时,将导致产生应税金额的暂时性差异。（　　）

13. 资产的账面价值小于其计税基础或者负债的账面价值大于其计税基础，产生可抵扣暂时性差异。　　　　　　　　　　　　　　　　　　　（　　）

14. 对于存在应纳税暂时性差异的所得额，应当按照规定确认递延所得税资产。　　　　　　　　　　　　　　　　　　　　　　　　　　　　　（　　）

15. 银行以税前利润弥补5年以内的亏损，以税后利润弥补5年以上的亏损均不必编制会计分录。　　　　　　　　　　　　　　　　　　　　　　（　　）

16. 银行年终决算后，"利润分配——未分配利润"账户的余额，倘若在借方，表示未分配利润；倘若在贷方，则表示未弥补亏损。　　　　　　　　（　　）

二、单项选择题

1. 银行系统内各行处上缴上级行的管理费支出应列入_____账户。

A. "业务及管理费"

B. "金融企业往来支出"

C. "其他业务成本"

D. "营业外支出"

2. _____暂不征收营业税。

A. 利息收入　　　　　　　　　　　B. 金融企业往来收入

C. 手续费收入　　　　　　　　　　D. 其他业务收入

3. _____属于应纳税暂时性差异。

A. 公益性捐赠　　　　　　　　　　B. 税收滞纳金

C. 计提的坏账准备　　　　　　　　D. 自行开发的无形资产

4. _____属于可抵扣暂时性差异。

A. 国债利息收入　　　　　　　　　B. 自行开发的无形资产

C. 赞助支出　　　　　　　　　　　D. 预计负债

三、多项选择题

1. 收入的特点有：收入可能表现为银行资产的增加、_____等。

A. 也可能表现为银行负债的减少

B. 收入只包括本银行经济利益的流入

C. 能导致银行所有者权益的增加

D. 表现为银行费用的减少

2. 银行的收入由_____组成。

A. 营业收入　　　　　　　　　　　B. 投资收益

C. 营业外收入　　　　　　　　　　D. 其他业务收入

3. 银行收入确认和计量的条件是_____。

A. 为客户提供的各种服务已经完成

B. 与交易相关的经济利益能够流入银行

C. 为客户让渡了资产使用权

D. 收入的金额能够可靠地计量

4. 费用确认的原则有_____。

A. 谨慎原则　　　　　　　　　　B. 权责发生制原则

C. 配比原则　　　　　　　　　　D. 划分收益性支出与资本性支出原则

5. 职工薪酬除了包括职工工资、奖金、津贴和补贴、职工福利费各种社会保险费外,还包括_____。

A. 非货币性福利

B. 因解除与职工劳动关系给予的补偿

C. 其他与获得提供服务相关的支出

D. 住房公积金

6. 永久性差异有_____等内容。

A. 职工薪酬超过计税薪酬　　　　B. 国债利息收入

C. 计提的资产减值准备　　　　　D. 对外投资分回的利润

7. _____产生应纳税暂时性差异。

A. 资产的账面价值大于其计税基础　　B. 资产的账面价值小于其计税基础

C. 负债的账面价值大于其计税基础　　D. 负债的账面价值小于其计税基础

练习题一　练习收入的核算

一、资料　中国工商银行上海分行嘉定支行 12 月份发生下列有关的经济业务:

1. 20 日,短期贷款计息余额表各企业的本季度累计积数分别为天元商厦 19 980 000 元、石化工厂为 41 180 000 元、武定公司为 56 780 000 元,年利率为 6.06%,收取本季度的贷款利息。

2. 20 日,个人小额抵押贷款计息余额表各人的本季度累计积数分别为:张元 2 700 000 元、李忠 2 250 000 元,年利率为 6.06%,计提当期的个人小额贷款利息。

3. 20 日,桥东工厂贷款 60 000 元已到期 90 日,仍未收回,其结欠利息 1 080 元,予以转账。

4. 22 日,收到泰南工厂交来贴现凭证和商业承兑汇票各一份,金额为 96 000 元,到期日为 4 月 22 日,月贴现率为 4.8‰,审查无误后,予以贴现。

5. 22 日,收到中央银行划付的存款利息 6 000 元,中国农业银行松江支行划付的存款利息 1 800 元,中国工商银行昆山支行划付的利息 2 100 元,中国工商银行上海分行青浦支行划付的利息 1 950 元。

6. 24 日,从各客户的存款账户收取转账手续费,天元商厦为 360 元,石化工厂为 400 元,武定公司为 600 元。

7. 24 日,向武定公司收取结汇手续费 750 元。

8. 25 日,代汽车公司收到委托贷款利息 12 000 元入账。

9. 25 日,根据委托贷款合同规定按委托贷款利息的 20% 向汽车公司收取手续费。

10. 30 日,向天龙公司收取出租管理专有技术 27 000 元,向武定公司收取咨询费 1 200 元。

11. 30 日,向石化工厂收取空头支票罚款 1 900 元。

12. 31 日,"货币兑换"账户为贷方余额 720 元,予以转账。

13. 31 日,本行持有交易性金融资产的账面价值为 100 000 元,而其公允价值为 100 560 元,予以转账。

14. 31 日,将各收入类账户结转"本年利润"账户。

二、要求　编制会计分录。

练习题二　练习营业成本的核算

一、资料　中国工商银行上海分行卢湾支行 6 月份发生下列有关的经济业务:

1. 20 日,活期存款计息余额表各企业本季累计积数分别为新欣商厦 21 780 000 元、南方工厂 27 160 000 元、复兴公司 36 240 000 元,年利率为 3.6‰,计付本季度存款利息。

2. 20 日,1 年期的单位定期存款 4、5、6 月份的期初余额分别为 789 000 元、855 000 元和 912 000 元,年利率为 3%,预提本季度定期存款利息。

3. 20 日,整存整取定期储蓄存款 1 年期的 4、5、6 月月初的余额分别为 396 000 元、462 000 元和 510 000 元,年利率为 3%。3 年期的 4、5、6 月月初的余额分别为 246 000 元、282 000 元和 315 000 元,年利率为 4.50%。预提本季度利息。

4. 22 日,向中央银行划付借款利息 6 600 元,向中国建设银行静安支行划付借款利息 1 350 元,向中国工商银行无锡支行划付借款利息 1 110 元,向中国工商银行上海分行虹口支行划付借款利息 1 620 元。

5. 30 日,储户任萍、杜华和林峰活期储蓄存款的积数分别为 10 800 000 元、9 600 000 元和 8 700 000 元,年利率为 3.6‰,提取应付储户活期储蓄存款利息。

6. 30 日,南昌路储蓄所为本行代办储蓄存款年平均余额为 900 000 元,按

1.2%支付其代办储蓄手续费。

7. 30 日,"货币兑换"账户借方余额为 108 元,予以转账。

8. 30 日,分配向复兴公司出租管理专有技术提供服务人员的工资 3 600 元,计提职工福利费 504 元。

9. 30 日,将各费用类账户结转"本年利润"账户。

二、要求 编制会计分录。

练习题三 练习业务及管理费和营业外支出的核算

一、资料 中国工商银行虹口支行发生下列有关的经济业务:

1. 1 月 2 日,以现金支付业务交际费用 560 元。

2. 1 月 4 日,以转账支票支付本月份房屋租赁费 3 200 元。

3. 1 月 10 日,以转账支票支付银行财产的保险费 5 500 元。

4. 1 月 15 日,根据图表习题 14-1 工资结算单(第 2 页)中的实发金额提取现金,备发工资。

5. 1 月 15 日,该行的职工全部为经营和管理人员,发放本月份职工工资。

6. 1 月 18 日,以转账支票支付广告费 3 000 元。

7. 1 月 22 日,以转账支票支付本月份电话费 910 元。

8. 1 月 25 日,以转账支票支付本月份电费 560 元。

9. 1 月 28 日,计提本月份固定资产折旧费 3 120 元。

10. 1 月 31 日,分配本月份职工工资。

11. 1 月 31 日,按本月份发放职工工资总额的 14%、2% 和 1.5% 分别计提职工福利费、工会经费和职工教育经费。

12. 1 月 31 日,按本月份工资总额的 12% 计提医疗保险费。

13. 1 月 31 日,按本月份工资总额的 3%、2% 和 7% 分别计提养老保险费、失业保险费和住房公积金。

14. 1 月 31 日,将本月份应交的医疗保险费、养老保险费、失业保险费和住房公积金(含为职工代扣的部分)缴纳给社会保险事业基金结算中心和公积金管理中心。

15. 1 月 31 日,今年初本行因汽车司机肇事而涉及一项诉讼案,根据法律顾问判断,最终的判决很可能对本行不利。至今尚未收到法院的判决,据专业人士估计,赔偿金额可能在 120 000 元至 150 000 元之间。

16. 2 月 20 日,本行因汽车司机肇事诉讼一案经法院判决应赔偿原告 132 000 元,款项于判决生效后 10 日内支付。另承担诉讼费 17 100 元,诉讼费当即签发转账支票付讫。

二、要求 编制会计分录。

图表习题 14-1

工资结算单

2014 年 1 月 15 日

第 2 页
单位：元

姓名	工资	缺勤应扣工资		应发工资	奖金	副食品补贴	应发工资合计	代扣款项						实发金额	签章
		病假工资	事假工资					住房公积金	养老保险费	医疗保险费	失业保险费	个人所得税	合计		
邵玉瑛	3 100.00			3 100.00	320.00	50.00	3 470.00	242.90	277.60	69.40	34.70		624.60	2 845.40	
王仁义	3 750.00	116.00		3 634.00	256.00	50.00	3 940.00	275.80	315.20	78.80	39.40		709.20	3 230.80	
钱　琪	4 350.00		290.00	4 060.00	270.00	50.00	4 380.00	306.60	350.40	87.60	43.80		788.40	3 591.60	
吴　静	5 100.00			5 100.00	350.00	50.00	5 500.00	385.00	440.00	110.00	55.00	30.30	1 020.30	4 479.70	
刘大义	5 800.00			5 800.00	380.00	50.00	6 230.00	436.10	498.40	124.60	62.30	55.86	1 177.26	5 052.74	
小　计	22 100.00	116.00	290.00	21 694.00	1 576.00	250.00	23 520.00	1 646.40	1 881.60	470.40	235.20	86.16	4 319.76	19 200.24	
合　计	129 500.00	320.00	1 380.00	127 800.00	11 850.00	1 550.00	141 200.00	9 884.00	11 296.00	2 824.00	1 412.00	384.00	25 800.00	115 400.00	

练习题四　练习税金和利润的核算

一、资料

1. 中国工商银行静安支行 12 月 31 日有关账户余额如下(单位:元):

贷方余额账户	金　额	借方余额账户	金　额
利息收入	360 000	利息支出	160 000
金融企业往来收入	39 000	金融企业往来支出	32 000
手续费及佣金收入	14 100	手续费及佣金支出	4 500
其他业务收入	2 500	其他业务成本	1 000
汇兑损益	500	业务及管理费	116 600
公允价值变动损益	400	营业外支出	500
投资收益	1 000		
营业外收入	400		

2. 中国工商银行静安支行 12 月 31 日接着发生下列经济业务:

(1) 按 5‰的税率计提本月份营业税,按 7‰的税率计提本月份城市维护建设税。

(2) 按 3‰的教育费附加率提取本月份的教育费附加。

(3) 将损益类贷方余额账户结转"本年利润"账户。

(4) 将损益类借方余额账户结转"本年利润"账户。

3. 中国工商银行宁波支行发生下列经济业务:

(1) 第 1 年利润总额为 850 000 元,所得税税率为 25%,该行发生赞助支出 12 000 元,业务招待费 32 500 元,取得国债利息收入 12 000 元。影响计税基础的有关账户余额为:贷款损失准备 13 500 元,坏账准备 2 100 元,预计负债 88 000 元。"无形资产"账户余额 102 000 元,为刚确认的自行开发的专利权,尚未摊销。

(2) 第 2 年利润总额为 900 000 元,所得税税率为 25%,该行发生赞助支出 18 500 元,业务招待费 36 000 元,取得国债利息收入 12 500 元。影响计税基础的有关账户余额为:贷款损失准备 14 000 元,坏账准备 2 200 元。"无形资产"账户中有自行开发的无形资产 102 000 元,已摊销了 10 200 元。

4. 中国建设银行静安支行发生下列经济业务:

(1) 11 月 30 日,前 11 个月结算后利润总额为 750 000 元,今年已提取并缴纳所得税额 171 000 元,按 25%税率确认本月份所得税费用。

(2) 11 月 30 日,将所得税费用结转"本年利润"账户。

（3）12 月 10 日，缴纳上月确认的所得税额。

（4）12 月 31 日，年终决算利润总额为 840 000 元，发生赞助支出 16 000 元，业务招待费 30 500 元，对外投资分回税后利润 9 800 元。"递延所得税负债"账户余额为 22 000 元。"递延所得税资产"账户余额为 2 080 元。影响计税基础的有关账户余额为：贷款损失准备 10 800 元，坏账准备 2 000 元。"无形资产"账户中有自行开发的专利权 110 000 元，已摊销了 44 000 元，清算本年度应交所得税额。

（5）12 月 31 日，将所得税费用结转"本年利润"账户。

（6）次年 1 月 15 日，清缴上年度所得税额。

二、要求

1. 根据"资料 1"、"资料 2"，编制会计分录。

2. 根据"资料 3"，确认所得税费用，并编制相应的会计分录。

3. 根据"资料 4"，编制会计分录。

练习题五　练习利润分配的核算

一、资料　中国工商银行宝山支行 12 月 31 日"本年利润"账户为贷方余额 600 000 元，"利润分配——未分配利润"账户为贷方余额 49 600 元。接着发生下列有关的经济业务：

1. 全年实现净利润为 600 000 元，按 10％的比例提取法定盈余公积，按 6％比例提取任意盈余公积，按 1％的比例提取一般风险准备。

2. 按净利润 72％的比例提取分配给投资者的利润。

3. 将"本年利润"账户的余额结转"利润分配——未分配利润"账户。

4. 将利润分配各有关明细账户的余额结转"利润分配——未分配利润"账户。

二、要求　编制会计分录，并登记"利润分配——未分配利润"明细账。

第十五章 会计决算与财务报告

判 断 题

一、是非题

1. 核对账务包括全面核对内外账务和检查联行、同业账务两项内容。（ ）

2. 财务报表分为年度、季度和月度财务报表。（ ）

3. 编制财务报表必须做到数字真实、计算正确、内容完整和报送及时。
（ ）

4. 年度会计决算后的工作有设立新账、整理装订旧账和上年利润的调整。
（ ）

5. 财务报表是指企业对外提供的、反映企业某一特定日期财务状况和某一会计期间经营成果、现金流量等会计信息的文件。（ ）

6. 前期差错是指由于没有运用或错误运用信息，而对前期财务报表造成省略或错报。（ ）

7. 追溯重述法是指发现前期差错时，视同该差错从未发生过，从而对财务报表相关项目进行更正的方法。（ ）

8. "联行来账"和"联行往账"账户期末余额互相对转后的贷方余额应填列在资产负债表的"存放联行款项"项目内。（ ）

9. 资产负债表的"吸收存款"项目应根据"吸收活期存款"、"吸收定期存款"和"吸收财政性存款"账户的期末余额合计数填列。（ ）

10. 利润分配表中"本年实际"栏，应根据"利润分配"账户及其所属明细分类账户的数据分析计算填列。（ ）

11. 间接法是指以净利润为基础，以非现金费用和贷款、存款、应收、应付项目的增减变动额加以调整，结算出现金流量净额的方法。（ ）

12. 现金流量表"汇率变动对现金的影响额"项目，根据"汇兑损益——汇率变动收益"账户净发生额填列。发生汇兑损失用正数表示，发生汇兑收益则用负数表示。（ ）

13. 公允价值变动收益应作为投资活动产生的现金流量，列入取得投资收益

收到的现金项目。　　　　　　　　　　　　　　　　　　　（　　）

14. 所有者权益变动表由上年年末余额、本年年初余额、本年增减变动金额和本年年末余额四个部分组成。　　　　　　　　　　　　　　　（　.　）

15. 比率分析法的指标可分为财务状况指标、经营成果指标和现金流量指标三类。　　　　　　　　　　　　　　　　　　　　　　　　　（　　）

16. 资本风险比率是指银行的贷款与实收资本的比率,用以衡量银行资本的风险程度。　　　　　　　　　　　　　　　　　　　　　　　（　　）

17. 备付金比率是指商业银行在中央银行的备付金存款与各项存款的比率。

　　　　　　　　　　　　　　　　　　　　　　　　　　　（　　）

18. 采用趋势分析法分析利润表时应重点分析营业收入、营业支出、营业利润和利润总额等项目。　　　　　　　　　　　　　　　　　　　　（　　）

二、单项选择题

1. _____不属于清理财产工作。

A. 清查核实抵押品、质押品

B. 清查核实固定资产和低值易耗品

C. 清查核实各种贷款

D. 清查核实现金、金银、有价单证和重要凭证

2. 银行年终结账完毕,次年发现上年度固定资产折旧多提80 000元,予以更正时,应借记_____账户,贷记_____账户。

A. "业务及管理费";"累计折旧"

B. "以前年度损益调整";"累计折旧"

C. "累计折旧";"业务及管理费"

D. "累计折旧";"以前年度损益调整"

3. 资产负债表中各项的数据应按银行本期总分类账户或明细分类账户中的_____直接填列或经过分析计算调整后填列。

A. 期初余额和发生额　　　　　　B. 期末余额

C. 期末余额和发生额　　　　　　D. 期初余额和期末余额

4. 利润表各项项目的数据应按银行本期总分类账户的_____直接填列或经过计算后填列。

A. 发生额　　　　　　　　　　　B. 期末余额

C. 发生额和期末余额　　　　　　D. 期初余额和期末余额

5. 不属于"经营活动的现金流入量"的项目是_____。

A. 向中央银行借款净增加额

B. 收取利息、手续费及佣金的现金

    C. 联行存放款项净增加额

    D. 处置固定资产、无形资产和其他长期资产收回的现金净额

  6. 不属于经营活动的现金流出量的项目是_____。

    A. 分配股利、利润或偿付利息支付的现金

    B. 支付给职工以及为职工支付的现金

    C. 支付的各项税费

    D. 客户贷款及垫款净增加额

  7. 不属于财务状况的指标是_____。

    A. 流动比率　　　　　　　　　B. 资本风险比率

    C. 现金流量充分性比率　　　　D. 备付金比率

三、多项选择题

  1. 银行年度决算前的准备工作是核实收支、_____。

    A. 清理财产　　　　　　　　　B. 清理资金

    C. 核对账务　　　　　　　　　D. 结转收支

  2. 清理资金包括清理存款资金、_____。

    A. 清理内部资金　　　　　　　B. 清理外部资金

    C. 清理结算资金　　　　　　　D. 清理贷款资金

  3. 会计年度决算的主要工作有检查各项库存、结转本年利润、_____。

    A. 全面核对账务　　　　　　　B. 编制年度决算财务报告

    C. 办理新旧账簿的结转　　　　D. 计算并结转货币兑换损益

  4. 通过对资产负债表的分析,可以了解资产的分布是否得当;资产、负债和所有者权益之间的结构是否合理;财务实力是否雄厚;_____等。

    A. 短期偿债能力的强弱　　　　B. 盈利能力的强弱

    C. 所有者持有权益的多少　　　D. 财务状况的发展趋势

  5. 利润表中"营业收入"项目应根据"利息净收入"、"手续费及佣金净收入"、"其他业务收入"、_____等项目的合计数填列。

    A. 投资收益　　　　　　　　　B. 公允价值变动收益

    C. 金融企业往来净收入　　　　D. 汇兑收益

  6. 所有者权益变动表主要反映所有者权益中的实收资本、资本公积、盈余公积、_____等项目的增减变动情况。

    A. 一般风险准备　B. 应付股利　　C. 未分配利润　　D. 库存股

  7. 经营成果指标主要有营业收入净利率、_____。

    A. 营业收入现金流入量　　　　B. 资本收益率

    C. 资产净利率　　　　　　　　D. 成本率

练习题一　练习前期差错的更正

一、资料　新江银行城南支行发生下列有关的经济业务：

1. 2013 年 12 月 26 日，盘盈计算机一台，经检查发现该计算机系 2012 年 12 月 12 日购进，价值 4 800 元，已计入当月的业务及管理费。该计算机预计可使用 5 年，预计净残值率为 4%，该银行固定资产采用年限平均法、予以更正。

2. 2014 年 1 月 30 日，经检查发现多提固定资产折旧 96 000 元，该行的所得税税率为 25%，该行分别按净利润的 10% 和 6% 计提法定盈余公积和任意盈余公积。

二、要求　编制会计分录，并对财务报表进行调整和重述。

练习题二　练习财务报表的编制

一、资料　中国工商银行东方支行 2013 年 12 月 31 日有关资料如下：

1. 年终决算时，有关账户余额如图表习题 15-1 所示。

图表习题 15-1

账户余额表

单位：元

借方余额账户	期末余额	期初余额	贷方余额账户	期末余额	期初余额
库存现金	111 800	102 200	贷款损失准备	982 500	955 300
银行存款	120 400	110 400	坏账准备——应收利息	9 630	8 580
存放中央银行款项	7 824 000	7 178 000	累计折旧	156 800	145 300
交易性金融资产	369 000	339 000	累计摊销	43 200	28 800
存放同业	5 921 400	5 383 100	拆入资金	180 400	176 600
联行来账	616 900	365 400	向中央银行借款	1 846 300	1 785 600
应收利息	348 400	319 200	吸收活期存款	25 927 000	23 471 000
其他应收款	993 200	915 100	吸收定期存款	12 388 000	11 668 000
贴现资产	12 915 000	11 865 200	吸收活期储蓄存款	15 661 090	13 980 740
拆出资金	8 875 400	8 083 800	吸收定期储蓄存款	19 738 000	18 173 000
短期贷款	16 688 000	15 692 000	吸收财政性存款	427 000	392 000
中长期贷款	2 580 000	2 376 500	同业存放	6 185 000	5 674 000
抵押贷款	17 842 000	16 228 000	联行往账	406 000	207 500
逾期贷款	651 000	602 000	应解汇款	187 100	178 200
进出口押汇	272 000	253 000	汇出汇款	168 000	160 000
抵债资产	120 000	100 000	应付职工薪酬	37 600	31 200
持有至到期投资	13 014 000	11 968 000	应交税费	28 800	25 400
固定资产	929 500	871 600	应付利息	318 800	303 500

（续表）

借方余额账户	期末余额	期初余额	贷方余额账户	期末余额	期初余额
在建工程	496 000	455 000	应付股利	293 760	266 400
无形资产	206 000	176 800	其他应付款	496 500	469 100
长期待摊费用	118 800	132 000	递延所得税负债	17 500	15 000
递延所得税资产	9 000	7 500	实收资本	5 180 000	4 880 000
			资本公积	32 000	332 000
			盈余公积	174 240	108 960
			一般风险准备	11 200	7 120
			利润分配	125 380	80 500

2. 本年损益账户结转"本年利润"账户的数额列示如下（单位：元）：

账 户 名 称	12月金额	1～11月金额
利息收入	164 600	1 690 400
金融企业往来收入	51 510	566 490
手续费及佣金收入	4 880	53 920
投资损益（贷方）	24 200	254 400
公允价值变动损益（贷方）	1 200	8 400
汇兑损益（贷方）	2 010	19 270
其他业务收入	3 400	39 500
营业外收入	2 500	23 000
利息支出	51 800	569 200
金融企业往来支出	22 600	248 400
手续费及佣金支出	1 420	15 680
营业税金及附加	9 650	99 580
业务及管理费	108 200	1 146 700
资产减值损失	6 000	55 000
其他业务成本	630	5 400
营业外支出	2 000	22 420
所得税费用	13 750	123 250

3．"利润分配"明细分类账户净发生额（单位：元）及有关资料列示如下：

账　户　名　称	本年金额	上年金额
提取法定盈余公积	40 800	37 000
提取任意盈余公积	24 480	22 200
提取一般风险准备	4 080	3 700
应付现金股利或利润	293 760	266 400

4．上年净利润为 370 000 元，上年初未分配利润为 39 800 元。

5．有关明细账户的期末余额和期初余额列示如下（单位：元）：

账　户　名　称	年末余额	年初余额
交易性金融资产——现金等价物	140 000	125 000
持有至到期投资——应计利息	126 800	118 200

6．有关总分类账户和明细分类账户的发生额列示如下（单位：元）：

账　户　名　称	借方金额	贷方金额
交易性金融资产	392 000	362 000
其中：交易性金融资产——现金等价物	133 000	118 000
持有至到期投资	10 314 000	9 268 000
其中：持有至到期投资——应计利息	140 100	131 500
坏账准备——应收利息	2 450	3 500
贷款损失准备	30 300	57 500
抵债资产	120 000	100 000
固定资产	76 800	18 900
在建工程	41 000	
无形资产	29 200	
累计折旧	18 700	30 200
累计摊销		14 400
长期待摊费用		13 200
应付职工薪酬	527 140	533 540
应付股利	266 400	293 760

7．业务及管理费有关明细账户发生额列示如下（单位：元）：

工资	412 000
福利费	57 680
工会经费	8 240
职工教育经费	6 180
住房公积金	28 840
社会保险费	20 600
折旧费	30 200
税金	1 960
无形资产摊销	14 400
长期待摊费用摊销	13 200

8. 其他有关明细账户发生额列示如下(单位:元):

汇兑收益——货币兑换收益(贷方)	27 880
汇兑损益——汇率变动损益(借方)	6 600
营业外收入——非流动资产处置利得(固定资产)	1 250
营业外收入——罚款收入	24 250
营业外支出——债务重组损失	7 820
营业外支出——公益性捐赠支出	16 600

9. 其他有关资料如下:

(1) 其他业务收入全部收到现金,其他业务成本全部付出现金。

(2) 本期逾期贷款账户转入"抵债资产"账户的金额为 120 000 元。

(3) 报废固定资产以现金支付清理费用 400 元,出售固定资产残料收入现金 1 850 元。

(4) 增加的固定资产、在建工程和无形资产全部以现金支付。

10. 该行本年和上年均未发生会计政策变更和前期差错更正业务,本年将 300 000 元资本公积转增资本;上年投资者追加投资 200 000 元,上年金额中的上年年末余额实收资本为 4 680 000 元,资本公积为 332 000 元,盈余公积为 49 760 元,一般风险准备为 3 420 元,未分配利润为 39 800 元。

二、要求

1. 根据"资料 1",编制资产负债表。

2. 根据"资料 2",编制利润表。

3. 根据"资料 3"、"资料 4"及利润表,编制利润分配表。

4. 根据"资料 5"、"资料 6"、"资料 7"、"资料 8"、"资料 9"和资产负债表、利润表,编制现金流量表。

5. 根据"资料 10"和资产负债表、利润分配表,编制所有者权益变动表。

练习题三　练习财务报表的分析

一、资料　中国工商银行浦江支行的有关资料如下:

1. 本章练习题二编制的财务报表。

2. 该行 2013 年度存放中央银行备付金为 6 996 000 元。长期债务偿还额为 1 855 000 元。

3. 2012 年,该支行的利息收入为 1 696 800 元,金融企业往来收入为 566 000 元,手续费及佣金收入为 53 900 元,汇兑损益为 19 420 元(贷方),其他业务收入为 39 500 元,利息支出为 568 200 元;金融企业往来支出为 248 300 元,手续费及佣金支出为 15 700 元,其他业务成本为 5 560 元,营业税金及附加为 99 940 元,业务及管理费为 1 151 000 元,公允价值变动损益为 8 780 元,资产减值损失为 54 000 元,投资收益为 254 100 元,营业外收入为 23 300 元,营业外支出为 22 500 元,所得税费用为 124 900 元。

二、要求

1. 根据"资料 1"、"资料 2",用比率分析法对财务报表进行分析。

2. 根据"资料 1"、"资料 3",用趋势分析法编制比较利润表并进行分析。

测 试 题 一

题 号	一	二	三	四	五	总 分
得 分						

一、是非题(每小题1分,共10分)

1. 设置借方、贷方、余额和积数四栏金额,适用于在账页上加计计息积数的账户是乙种账。　　　　　　　　　　　　　　　　　　　　　　（　　）

2. 借款人因故不能按期归还贷款时,短期贷款必须在到期15天以前,由借款人向信贷部门申请展期。　　　　　　　　　　　　　　　　　　　　　（　　）

3. 支付结算工作的任务是根据经济往来组织支付结算,按照有关法律、行政法规和支付结算办法的规定办理支付结算,保障支付结算活动的正常进行。（　　）

4. 银行出纳库房管理工作应符合设置专用库房、实行双人管库共同负责制、严格出入库制度和严格查库制度。　　　　　　　　　　　　　　　　（　　）

5. 集中监督是指联行往来的管辖行对往账和来账进行监督与核对,以保证联行往来的正确性。　　　　　　　　　　　　　　　　　　　　　　　（　　）

6. 转贴现是指商业银行因办理企业票据贴现发生资金短暂困难,而将未到期的已贴现的商业汇票再向中国人民银行或其他金融机构办理贴现的行为。（　　）

7. 买方信贷的贷款本息可由总行统一办理偿还,也可由有关分支行分别办理偿还。　　　　　　　　　　　　　　　　　　　　　　　　　　　　　（　　）

8. 实收资本是指投资者按照银行章程或合同、协议的约定,实际投入银行的资本,它是银行对外承担经济责任的限度。　　　　　　　　　　　　　（　　）

9. 金融企业往来支出是指银行在经营过程中与中央银行之间、其他商业银行之间、其他金融机构之间及系统内联行之间因资金往来而发生的利息支出。　　　　　　　　　　　　　　　　　　　　　　　　　　　　　（　　）

10. 间接法是指以净利润为基础,以非现金费用和贷款、存款、应收、应付项目的增减变动额加以调整,结算出现金流量净额的方法。　　　　　　　（　　）

二、单项选择题(每小题2分,共14分)

1. _____采用复式记账凭证的形式。

A. 现金收付凭证   B. 转账凭证

C. 特种转账凭证   D. 表外科目收付凭证

2. 存款人办理日常转账结算和现金收付的主要账户是_____。

A. 一般存款账户   B. 临时存款账户

C. 专用存款账户   D. 基本存款账户

3. 因出票人账户不足支付,而将不足支付的款项转入出票人逾期贷款账户的票据是_____。

A. 银行本票   B. 银行汇票

C. 商业承兑汇票   D. 银行承兑汇票

4. 即期信用证项下国外审单付款有三种,下列各项目中,_____是错误的。

A. 国外银行主动借记我账户

B. 国内审单付款

C. 国外审单后电报向我索汇

D. 授权国外议付行向我账户行索汇

5. 货币发行业务采用的记账方法是_____。

A. 借贷记账法单式记账

B. 借贷记账法复式记账

C. 收付记账法单式记账

D. 收付记账法复式记账

6. 已确认的减值损失的_____,在随后的会计期间,其公允价值上升的,应在原已计提的减值准备金额内予以转回。

A. 交易性金融资产   B. 持有至到期投资

C. 可供出售金融资产   D. 长期股权投资

7. _____属于可抵扣暂时性差异。

A. 赞助支出   B. 预计负债

C. 国债利息收入   D. 自行开发的无形资产

三、多项选择题(每小题 2 分,共 16 分)

1. 银行会计的特点有_____。

A. 会计核算与业务活动的融合性   B. 具有广泛的社会性

C. 会计处理的及时性   D. 内部管理机制严密化

2. 贷款损失准备应根据借款人的还款能力、贷款本息的偿还情况、_____等因素,分析其风险程度和回收的可能性合理计提。

A. 借款人的信用等级   B. 担保人的支持力度

C. 银行内部信贷管理   D. 抵押品的市价

3. 分行辖内往来核算的方法主要有_____。

A. 逐笔核对法   B. 集中核对法

C. 分散核对法   D. 总额核对法

4. 异地跨系统转汇业务的方式主要有_____。

A. 先横后直   B. 先横后直再横

C. 先直后横再直   D. 先直后横

5. 外汇交易传票可分为_____。

A. 外汇交易借方传票   B. 外汇交易贷方传票

C. 外汇交易收付传票   D. 外汇交易套汇传票

6. 计提固定资产折旧的范围包括_____。

A. 当月增加的固定资产   B. 当月减少的固定资产

C. 大修理停用的固定资产   D. 作为固定资产入账的土地

7. 银行收入确认和计量的条件是_____。

A. 为客户提供的各种服务已经完成

B. 与交易相关的经济利益能够流入企业

C. 为客户让渡了资产使用权

D. 收入的金额能够可靠地计量

8. 经营成果指标主要有营业净利率、_____。

A. 资本收益率   B. 资产净利率

C. 成本率   D. 营业收入现金流入量

四、分录题[每小题 2 分,其中第 2 部分第(15)题 4 分,共 54 分]

1. 中国工商银行上海市分行静安支行发生下列有关的存贷款业务:

(1) 9 月 30 日,本行 1 年期定期存款 1、2、3 月份的期初余额分别为 1 140 000 元、1 210 000 元和 1 250 000 元,年利率为 3%,预提本季度定期存款的利息。

(2) 10 月 15 日,收到张钢先生交来过期 15 日的整存整取定期储蓄存单一张,金额 60 000 元,存期 1 年,年利率为 3%,活期储蓄存款年利率为 0.36%,审查无误后,以现金支付其本金和利息。

(3) 10 月 31 日,华林工厂归还逾期 1 个月的贷款 54 000 元,并按 6.6% 的逾期贷款年利率计收利息。

(4) 11 月 12 日,新光公司抵押贷款 180 000 元已逾期 2 个月,结欠利息 2 268 元,今将其抵押品办公室一间作价入账。该办公室的公允价值为 183 000 元。

(5) 11 月 16 日,收到华声工厂交来贴现凭证和商业承兑汇票各一份,商业承兑汇票由在工商银行嘉兴支行开户的南湖公司签发并承兑,金额为 150 000 元,到期日为 12 月 16 日,月贴现率为 4.5‰,审查无误后,予以贴现。

(6) 12 月 31 日,各有关账户余额为:短期贷款 1 800 000 元、长期贷款 900 000 元、抵押贷款 5 400 000 元、贴现资产 450 000 元,贷款损失准备率为 1‰,"贷款损失准备"账户为贷方余额 49 900 元,计提本年度贷款损失准备。

2. 中国工商银行上海市分行长宁支行发生下列经济业务:

(1) 收到沪光工厂交来委托收款的进账单和在中国工商银行徐汇支行开户的东方商厦签发的转账支票各一份,金额为 78 000 元,审核无误,票据交换后,收到同城票据交换资金清算凭证,予以入账。

(2) 收到嘉佳工厂交来银行汇票申请书一份,申请签发银行汇票 90 000 元,审查无误后,款项从其账户收取,当即签发等额的银行汇票交付该工厂。

(3) 收到中国工商银行宁波支行寄来联行借方报单、银行汇票解讫通知和多余款收账通知,填列汇票出票金额 90 000 元,实际结算金额 87 500 元,多余金额 2 500 元。审查无误,将多余金额退回嘉佳工厂。

(4) 收到中国工商银行绍兴支行寄来委托收款凭证及商业承兑汇票各一份,系上海虹桥商厦支付绍兴服装厂的货款 66 000 元,审查无误后,予以支付。

(5) 收到虹桥商厦交来签购单、汇计单和进账单各一份,列明在本行开户的谢华小姐购物消费 6 000 元,手续费按 9‰ 计算,审查无误后,予以入账。

(6) 收到中国工商银行青岛支行寄来的联行邮划贷方报单和第四联托收凭证,系承付沪光工厂托收款 72 000 元,审查无误后,予以入账。

(7) 该支行本期末财政性存款为 1 180 000 元,一般性存款为 17 980 000 元;上期末财政性存款为 1 122 000 元,一般性存款为 18 990 000 元;缴存比例财政性存款为 100%,一般性存款为 19%。调整本期向中央银行缴存存款额。

(8) 向中国人民银行提交转贴现凭证与票据,办理转贴现手续。转贴现票据面值 600 000 元,贴现 15 日,日贴现率为 4‰,办理转账。

(9) 有小汽车一辆,原值 180 000 元,预计可使用 8 年,预计净残值率为 4%,计提其折旧额。

(10) 出售为交易目的而持有的面值为 100 000 元的国债,按 103 000 元成交,另按交易金额的 1‰ 支付佣金,出售净收入已收到,存入本行存款户。国债的账面价值为 101 500 元。

(11) 从光明公司的股东中购入该公司 25% 的股份,取得了对光明公司的共同控制权,而对价付出资产的账面价值为 122 000 元,其中:抵债的厂房一幢,已按公允价值 900 000 元入账,其余 320 000 元签发转账支票付讫。光明公司接受本行投资后,可辨认净资产公允价值为 5 000 000 元,予以转账。

(12) 收到银行系统划付的存款利息,其中:中央银行 4 950 元,中国银行徐汇支行 1 710 元,中国工商银行苏州支行 1 620 元,中国工商银行上海市分行虹口支行

2 130 元。

（13）本月份应发工资合计为 156 000 元，代扣款项为：住房公积金 10 920 元，养老保险费 12 480 元，医疗保险费 3 120 元，失业保险费 1 560 元，个人所得税 380 元，以现金发放职工工资。

（14）本月份利息收入为 456 000 元，金融企业往来收入为 25 000 元，手续费收入 12 000 元，按 5％税率计提营业税，按 7％税率计提城市维护建设税。

（15）本年实现利润总额为 720 000 元，发生业务招待费 24 000 元，赞助支出 9 000 元，国债利息收入 10 500 元，"递延所得税负债"账户余额为 21 000 元，"递延所得税资产"账户余额为 21 825 元，影响计税基础的有关账户余额为：坏账准备 8 400 元，贷款损失准备 75 000 元，"无形资产"账户有自行开发的非专利技术 120 000 元，已摊销了 48 000 元，按 25％税率确认本年度所得税额。前 11 个月已计提所得税额 161 250 元，清算本年度应交所得税额。

（16）根据第（15）题确定的全年净利润，按 10％的比例计提法定盈余公积，按 6％的比例计提任意盈余公积，按 72％的比例计提应分配给投资者的利润。

3. 中国银行上海市分行发生下列经济业务：

（1）王海先生出国留学，根据有关规定来行兑取 9 000 美元现钞，收取人民币。100 美元的外汇牌价买入价为 618 元，卖出价为 621 元，现钞买入价 613 元。

（2）东方公司交来即期信用证项下全套出口单据，计 36 000 美元，并随附押汇申请书 1 份，经审查，同意叙做押汇，估计寄单划款的往来天数为 20 天，押汇年利率为 4.5％，计算押汇垫款利息后，办理押汇手续。

4. 中国人民银行浙江省分行嘉兴支行发生下列经济业务：

（1）收到中国工商银行嘉兴支行解来预算收入，甲种税 50 000 元，为中央预算收入，丙种税 4 000 元，为地方分成预算收入（40％省财政、30％地区财政、30％县财政）。

（2）将收到的上项预算收入进行划分，并报解中国人民银行浙江省分行。

五、计算题（第 1 题 4 分，第 2 题 2 分）

1. 计算确定下列资料在资产负债表中应填列的项目和金额。

借方余额账户		贷方余额账户	
联行来账	8 760 000 元	联行往账	7 610 000 元
应收利息	355 000 元	坏账准备——应收利息	1 775 元

2. 计算现金流量表中"收取利息、手续费及佣金的现金"项目的金额。

利润表中"利息收入"和"手续费及佣金收入"项目的金额分别为 1 720 000 元和 62 000 元，资产负债表中"应收利息"项目的年初余额和期末余额分别为 342 000 元和 376 600 元，"坏账准备——应收利息"账户的借方发生额和贷方发生额分别为 1 710 元和 1 883 元。

测 试 题 二

题 号	一	二	三	四	五	总 分
得 分						

一、是非题(每小题 1 分,共 10 分)

1. 基本记账凭证是指银行根据原始凭证自行编制的记账凭证。 （　　）

2. 贷款业务的核算要求是严格贷款的发放手续,监督贷款的使用和收回,并为信贷部门提供正确的贷款数据。 （　　）

3. 银行对签发的空头支票应予以退票,并按票面金额处以 5% 的罚款。 （　　）

4. 银行是全国的现金出纳中心。银行现金出纳工作与国民经济各部门、各单位的经济活动有着密切的联系。 （　　）

5. 对于缴存中央银行存款,县支行或城市区办事处,每月调整一次,于月后 5 日办理。 （　　）

6. 出口押汇是指出口商将全套单据交给议付行,由该行买入单据并按票面金额扣除自议付之日起到预计收汇日止的利息,将净额先付给出口商的一种出口融资方式。 （　　）

7. 中央银行的基本职能可以概括为它是发行的银行、银行的银行和国家的银行。 （　　）

8. 已计提减值准备的固定资产在以后会计期间其价值回升时,可以在原已计提减值金额的范围内予以转回。 （　　）

9. 费用按照经济用途可分为营业成本、业务及管理费和营业外支出。 （　　）

10. 采用趋势分析法分析利润表时,应重点分析营业收入、营业支出、营业利润和利润总额等项目。 （　　）

二、单项选择题(每小题 2 分,共 16 分)

1. 内部账务部门的_____负有监督各部门明细核算的职责。

A. 财务组　　　　　　　　　　B. 综合核算组

C. 事后监督组　　　　　　　　D. 联行组

2. 以借款人或第三人的财产作为抵押物发放的贷款是_____。

A. 保证贷款   B. 担保贷款

C. 质押贷款   D. 抵押贷款

3. 拆入行的应计利息应记入_____账户。

A. "利息收入"   B. "金融企业往来收入"

C. "金融企业往来支出"   D. "利息支出"

4. "应收承兑汇票款——外币"账户与"承兑汇票——外币"账户是办理_____时使用的一组对转账户。

A. 即期信用证项下出口业务承兑汇票

B. 即期信用证项下进口业务承兑汇票

C. 远期信用证项下出口业务承兑汇票

D. 远期信用证项下进口业务承兑汇票

5. 银行采用加速折旧法是为了_____。

A. 在较短的时间内收回固定资产的全部投资

B. 在较短的时间内收回固定资产的大部分投资

C. 合理地提取固定资产折旧

D. 在近期内减少银行的利润

6. 股份支付在授予后,公司在等待期内每个会计期末,应将取得职工提供的服务计入成本、费用,计入成本、费用的金额应当按照_____的公允价值计量。

A. 衍生工具   B. 金融工具   C. 权益工具   D. 金融资产

7. 银行系统内各行处上交上级行的管理费支出应列入_____账户。

A. "金融企业往来支出"   B. "业务及管理费"

C. "其他营业支出"   D. "营业外支出"

8. _____不属于清理财产工作。

A. 清理核实抵押品、质押品

B. 清理核实各种贷款

C. 清理核实现金、金银、有价单证和重要凭证

D. 清查核实固定资产和低值易耗品

三、多项选择题(每小题2分,共14分)

1. 银行业的会计科目按照其反映的经济内容不同,可分为资产类、负债类、所有者权益类、成本类、_____。

A. 收入类   B. 费用类   C. 损益类   D. 共同类

2. 储蓄业务财务核对的内容有核对现金、_____。

A. 核对本日发生额和余额   B. 核对结付利息的金额

C. 核对开销户数   D. 核对空白重要凭证的数量

3. 代理行对持卡人持信用卡支取现金时,应要求其提交身份证件,并应审查_____。

A. 信用卡的真伪及有效期

B. 该信用卡是否被列入止付名单

C. 信用卡上是否有足够支付的余额

D. 持卡人身份证件的照片或卡片上的照片是否与其本人相符

4. 联行报单按照业务性质和传递方式的不同,其种类有_____。

A. 邮划借方(贷方)报单　　　　　B. 电划借方(贷方)报单

C. 邮划借方(贷方)补充报单　　　D. 电划借方(贷方)补充报单

5. 信用证项下出口结算主要包括_____等环节。

A. 出口结汇　　　B. 审单付款　　　C. 审单议付　　　D. 受理与通知

6. 预算收入的收纳方式有_____。

A. 自收汇缴　　　B. 就地缴库　　　C. 集中缴库　　　D. 分散缴库

7. _____产生应纳税暂时性差异。

A. 资产的账面价值小于其计税基础　　B. 负债的账面价值小于其计税基础

C. 资产的账面价值大于其计税基础　　D. 负债的账面价值大于其计税基础

四、分录题[每小题 2 分,其中第 2 部分第(16)题 4 分,共 54 分]

1. 中国工商银行黄浦支行发生下列经济业务:

(1) 9 月 30 日,计息余额表中上海商厦和大隆工厂本月份的活期存款积数分别为 29 100 000 元和 37 200 000 元,月利率为 3‰,计提本月份应付活期存款利息。

(2) 10 月 5 日,收到方芳小姐交来当日到期的整存整取定期储蓄存单一张,金额 30 000 元,存期 1 年,年利率为 3%。审查无误后,以现金支付其本金和利息。

(3) 10 月 10 日,出售抵债入账的房屋一幢,账面价值 1 355 000 元,出售收入 1 400 000 元,出售房屋应缴纳营业税额 70 000 元。

(4) 10 月 15 日,收到康泰公司交来贴现凭证和银行承兑汇票各一份,银行承兑汇票由工商银行苏州支行为客户大华工厂签发并承兑,金额为 118 000 元,到期日为 12 月 15 日,月贴现率为 4.5‰,审查无误后,予以贴现。

(5) 12 月 31 日,"应收利息"账户余额为 201 000 元,坏账准备率为 3%,"坏账准备——应收利息"账户为贷方余额 1 780 元,计提本年度坏账准备。

2. 中国工商银行上海市分行静安支行发生下列经济业务:

(1) 收到在本行开户的光华公司签发的转账支票和进账单各一份,金额为 47 500 元,要求将款项划转在中国工商银行卢湾支行开户的华昌公司,审查无误后,予以转账。

(2) 从中国工商银行长宁支行交换提入宝祥公司签发的转账支票一张,金额为72 000元,审查发现宝祥公司账户余额不足,决定在次日票据交换时退回,予以入账。

(3) 收到在本行开户的鸿翔公司交来的进账单和由中国工商银行昆山支行签发的银行汇票各一份,银行汇票出票金额为84 000元,进账单金额和银行汇票实际结算金额均为82 800元,审查无误后,予以入账。

(4) 3个月前为出票人华声工厂承兑的银行承兑汇票一张,金额为100 000元,已到期,而华声工厂账户余额为68 000元,予以收取,不足款项转入逾期贷款户。

(5) 收到在工商银行无锡支行开户的持卡人王飞先生的取现单一份,金额为8 000元,按取现额的1%扣除手续费后,支付其现金。

(6) 收到华声工厂交来部分拒绝付款理由书,拒付中原公司货款20 000元,承付货款60 000元,审查无误后,将其承付的60 000元划转工商银行开封支行,予以入账。

(7) 收到中国工商银行厦门支行寄来的电划给光华公司货款的电汇凭证一份,金额为92 500元,审查无误后,予以入账。

(8) 该支行本期末财政性存款为1 020 000元,一般性存款为8 820 000元;上期末财政性存款为1 110 000元,一般性存款为7 320 000元;缴存比例财政性存款为100%,一般性存款为19%。调整本期向中央银行缴存存款额。

(9) 开户单位华声工厂要求电汇180 000元至大连北方公司,该公司在中国银行大连支行开户,本行通过同城交换,委托中国银行上海市分行营业部转汇。

(10) 进行同城票据交换,提出借方凭证金额330 000元,贷方凭证金额230 000元;提回借方凭证金额360 000元,贷方凭证金额210 000元,进行资金清算。

(11) 购进华欣公司股票10 000股,每股8元,另以交易金额的3‰支付佣金,1‰缴纳印花税,款项一并签发转账支票支付,该股票为交易目的而持有。华欣公司已于6日前宣告于10日后发放现金股利,每股0.20元。

(12) 非上市的津滨公司宣告将于10日后发放现金股利,每股0.25元。该公司去年实现利润600 000元。查本行于去年6月30日为长期股权投资而购进津滨公司股票100 000股,占该公司股份的5%,予以转账。

(13) 向中央银行划付借款利息5 100元,向中国银行静安支行划付借款利息2 700元,向工商银行苏州支行划付借款利息2 400元,向工商银行上海市分行黄浦支行划付借款利息1 800元。

(14) 按本月份发放职工工资总额150 000元的14%、3%和7%,分别计提职工福利费、养老保险费和住房公积金。

(15) 经批准,用资本公积300 000元、法定盈余公积60 000元转增资本。

(16) 本年实现利润总额 660 000 元,发生业务招待费 22 000 元,赞助支出 6 000 元,国债利息收入 9 000 元,"递延所得税负债"账户余额为 19 250 元,"递延所得税资产"账户余额为 20 050 元。影响计税基础的有关账户余额为:坏账准备 8 100 元,贷款损失准备 72 500 元。"无形资产"账户中有自行开发的非专利技术 110 000 元,已摊销了 44 000 元。按 25% 税率确认本年度所得税额,前 11 个月已计提所得税 148 750 元,清算本年度应交所得税额。

(17) 根据第(16)题确定的全年净利润,按 1% 的比例提取一般风险准备,按 72% 的比例提取应分配给投资者的利润。

3. 中国银行上海市分行发生下列经济业务:

(1) 华安公司提出申请,要求本行向中国银行纽约分行开出信用证一份,金额为 80 000 美元,购买生产设备。信用证规定单到国内审单付款。

(2) 承上题,收到纽约分行寄来的全套单据,审单相符,当即办理售汇付款手续。100 美元的外汇牌价买入价为 6.18 元,卖出价为 6.21 元。

4. 中国人民银行有关分(支)行发生下列经济业务:

(1) 中国人民银行静安支行收到中国工商银行静安支行现金支票一张,金额为180 000元,当即在其存款额度内支付。

(2) 中国人民银行浙江省分行收到该系统嘉兴支行报解的中央预算收入 50 000元,省级预算收入 2 800元。

五、计算题(第 1 题 2 分,第 2 题 4 分,共 6 分)

1. 选用双倍余额递减法或年数总和法计算小汽车各年的折旧额。

小汽车一辆原值 96 000 元,预计净残值 4 800 元,预计使用 4 年。

2. 计算确定下列资料在资产负债表中应填列的项目和金额:

1. 贴现资产		9 810 000 元
2. 短期贷款		18 550 000 元
3. 抵押贷款		16 220 000 元
4. 进出口押汇		560 000 元
5. 抵债资产		151 100 元
6. 其他应收款		980 000 元
7. 贷款损失准备		406 260 元
8. 坏账准备——其他应收款		5 880 元

习 题 解 答

第一章 总 论

判 断 题

一、是非题

1. 错 2. 对 3. 错 4. 对 5. 对 6. 错 7. 错

二、单项选择题

1. B 2. C 3. C 4. D

三、多项选择题

1. ACD 2. ABC 3. ABD 4. ABD 5. ABCD

第二章　银行会计的基础知识

判　断　题

一、是非题

1. 错　2. 对　3. 错　4. 错　5. 错　6. 对　7. 对　8. 错　9. 对　10. 对　11. 错　12. 错　13. 对　14. 对　15. 错　16. 对　17. 对　18. 错　19. 错　20. 对

二、单项选择题

1. C　2. B　3. B　4. A　5. B　6. C　7. B　8. A

三、多项选择题

1. BCD　2. AD　3. ABCD　4. ABC　5. ABCD　6. AD　7. BCD　8. ABC

练习题一　练习会计等式的平衡关系

经济业务（1）　编制会计要素增减变动表如图表题解 2-1 所示。

图表题解 2-1

会计要素增减变动表

单位：元

资　　产	变 动 金 额	变动后 金 额	负债和所 有者权益	变 动 金 额	变动后 金 额
库存现金	+87 500	213 100	吸收活期存款		789 800
存放中央银行款项		279 800	吸收定期存款		375 600
存放同业		204 400	吸收活期储蓄存款	+87 500	199 700
短期贷款		889 200	吸收定期储蓄存款		156 000
中长期贷款		355 000	同业存放		316 400
固定资产		141 000	实收资本		245 000
合　　计	+87 500	2 082 500	合　　计	+87 500	2 082 500

经济业务(2) 编制会计要素增减变动表如图表题解 2-2 所示。

图表题解 2-2

会计要素增减变动表

单位：元

资　产	变动金额	变动后金额	负债和所有者权益	变动金额	变动后金额
库存现金		213 100	吸收活期存款	−90 000	699 800
存放中央银行款项		279 800	吸收定期存款		375 600
存放同业		204 400	吸收活期储蓄存款		199 700
短期贷款	−90 000	799 200	吸收定期储蓄存款		156 000
中长期贷款		355 000	同业存放		316 400
固定资产		141 000	实收资本		245 000
合　　计	−90 000	1 992 500	合　　计	−90 000	1 992 500

经济业务(3) 编制会计要素增减变动表如图表题解 2-3 所示。

图表题解 2-3

会计要素增减变动表

单位：元

资　产	变动金额	变动后金额	负债和所有者权益	变动金额	变动后金额
库存现金	+32 000	245 100	吸收活期存款		699 800
存放中央银行款项		279 800	吸收定期存款		375 600
存放同业		204 400	吸收活期储蓄存款		199 700
短期贷款		799 200	吸收定期储蓄存款	+32 000	188 000
中长期贷款		355 000	同业存放		316 400
固定资产		141 000	实收资本		245 000
合　　计	+32 000	2 024 500	合　　计	+32 000	2 024 500

经济业务(4) 编制会计要素增减变动表如图表题解 2-4 所示。

图表题解 2-4

会计要素增减变动表

单位：元

资　　　产	变动金额	变动后金额	负债和所有者权益	变动金额	变动后金额
库存现金	−100 000	145 100	吸收活期存款		699 800
存放中央银行款项	+100 000	379 800	吸收定期存款		375 600
存放同业		204 400	吸收活期储蓄存款		199 700
短期贷款		799 200	吸收定期储蓄存款		188 000
中长期贷款		355 000	同业存放		316 400
固定资产		141 000	实收资本		245 000
合　　计		2 024 500	合　　计		2 024 500

经济业务（5）　编制会计要素增减变动表如图表题解 2-5 所示。

图表题解 2-5

会计要素增减变动表

单位：元

资　　　产	变动金额	变动后金额	负债和所有者权益	变动金额	变动后金额
库存现金	−5 000	140 100	吸收活期存款	−5 000	694 800
存放中央银行款项		379 800	吸收定期存款		375 600
存放同业		204 400	吸收活期储蓄存款		199 700
短期贷款		799 200	吸收定期储蓄存款		188 000
中长期贷款		355 000	同业存放		316 400
固定资产		141 000	实收资本		245 000
合　　计	−5 000	2 019 500	合　　计	−5 000	2 019 500

经济业务（6）　编制会计要素增减变动表如图表题解 2-6 所示。

图表题解 2-6

会计要素增减变动表

单位：元

资　　产	变动金额	变动后金额	负债和所有者权益	变动金额	变动后金额
库存现金		140 100	吸收活期存款		694 800
存放中央银行款项		379 800	吸收定期存款		375 600
存放同业		204 400	吸收活期储蓄存款	−16 000	183 700
短期贷款		799 200	吸收定期储蓄存款	+16 000	204 000
中长期贷款		355 000	同业存放		316 400
固定资产		141 000	实收资本		245 000
合　　计		2 019 500	合　　计		2 019 500

练习题二　练习复式记账的方法

1. 编制会计分录如图表题解 2-7 所示。

图表题解 2-7

会 计 分 录

2014年 月	日	凭证号数	摘　　要	会 计 科 目	借方金额	贷方金额
		1	收到居民存入活期存款	库存现金 　吸收活期储蓄存款	87 500.00	87 500.00
		2	借款单位以活期存款归还短期贷款	吸收活期存款 　短期贷款	90 000.00	90 000.00
		3	收到居民存入定期存款	库存现金 　吸收定期储蓄存款	32 000.00	32 000.00
		4	向中国人民银行解交回笼现金	存放中央银行款项 　库存现金	100 000.00	100 000.00
		5	单位提取现金	吸收活期存款 　库存现金	5 000.00	5 000.00
		6	居民将活期存款转存定期存款	吸收活期储蓄存款 　吸收定期储蓄存款	16 000.00	16 000.00

2. 登记账户如图表题解 2-8 所示。

图表题解 2-8

资 产 类 账 户

借	库 存 现 金		贷
期初余额	125 600	(4)	100 000
(1)	87 500	(5)	5 000
(3)	32 000		
本期发生额	119 500	本期发生额	105 000
期末余额	140 100		

借	存放中央银行款项		贷
期初余额	279 800		
(4)	100 000		
本期发生额	100 000		
期末余额	379 800		

借	存 放 同 业		贷
期初余额	204 400		

借	短 期 贷 款		贷
期初余额	889 200	(2)	90 000
本期发生额	—	本期发生额	90 000
期末余额	799 200		

借	中 长 期 贷 款		贷
期初余额	355 000		

	固 定 资 产		
期初余额	141 000		

负债和所有者权益类账户

借	吸收活期存款		贷
(2)	90 000	期初余额	789 800
(5)	5 000		
本期发生额	95 000	本期发生额	—
		期末余额	694 800

借	吸收定期存款		贷
		期初余额	375 600

借	吸收活期储蓄存款		贷
(6)	16 000	期初余额	112 200
		(1)	87 500
本期发生额	16 000	本期发生额	87 500
		期末余额	183 700

借	吸收定期储蓄存款		贷
		期初余额	156 000
		(3)	32 000
		(6)	16 000
		本期发生额	48 000
		期末余额	204 000

借	同 业 存 放		贷
		期初余额	316 400

借	实 收 资 本		贷
		期初余额	245 000

3. 编制"本期发生额及余额试算表"如图表题解 2-9 所示。

图表题解 2-9

本期发生额及余额试算表

2014 年 1 月 1～10 日　　　　　　　　　　　　单位：元

账 户 名 称	期初余额		本期发生额		期末余额	
	借　方	贷　方	借　方	贷　方	借　方	贷　方
库存现金	125 600		119 500	105 000	140 100	
存放中央银行款项	279 800		100 000		379 800	
存放同业	204 400				204 400	
短期贷款	889 200			90 000	799 200	
中长期贷款	355 000				355 000	
固定资产	141 000				141 000	
吸收活期存款		789 800	95 000			694 800
吸收定期存款		375 600				375 600
吸收活期储蓄存款		112 200	16 000	87 500		183 700
吸收定期储蓄存款		156 000		48 000		204 000
同业存放		316 400				316 400
实收资本		245 000				245 000
合　　计	1 995 000	1 995 000	330 500	330 500	2 019 500	2 019 500

练习题三　练习记账凭证的编制

编制记账凭证如图表题解 2-10 所示。

图表题解 2-10

中国工商银行金华支行现金收入传票

（贷）吸收活期存款　　　　　　　　　　　　　　总字第 1 号
（借）库存现金　　　　　　2014 年 3 月 1 日　　　现收字第 1 号

户名或账号	摘　　　要	金　　额										附
		千	百	十	万	千	百	十	元	角	分	
瑞金商厦	客户存入销货现金		¥	1	1	7	8	0	0	0	0	件 1 张
合　　　计			¥	1	1	7	8	0	0	0	0	

会计：　　　出纳：　　　复核：　　　记账：　　　制票：×××

中国工商银行金华支行现金付出传票

(借)吸收活期储蓄存款 　　　　　　　　　　　　　　总字第 2 号
(贷)库存现金　　　　　　　2014 年 3 月 1 日　　　　　现付字第 1 号

户名或账号	摘　　要	金　　额										附
		千	百	十	万	千	百	十	元	角	分	件
王伟	客户提取现金				¥	2	5	0	0	0	0	1
												张
合　　计					¥	2	5	0	0	0	0	

会计：　　　　出纳：　　　　复核：　　　　记账：　　　　制票：×××

中国工商银行金华支行现金付出传票

(借)吸收活期存款 　　　　　　　　　　　　　　　总字第 3 号
(贷)库存现金　　　　　　　2014 年 3 月 1 日　　　　现付字第 2 号

户名或账号	摘　　要	金　　额										附
		千	百	十	万	千	百	十	元	角	分	件
安泰公司	客户提取现金					¥	6	0	0	0	0	1
												张
合　　计						¥	6	0	0	0	0	

会计：　　　　出纳：　　　　复核：　　　　记账：　　　　制票：×××

中国工商银行金华支行转账借方传票

总字第 $4\frac{1}{2}$ 号

2014 年 3 月 1 日　　　　　　　　　　　　转借字第 1 号

科目(借)：吸收定期存款　　　　　　　对方科目(贷)：吸收活期存款

户名或账号	摘　　要	金　　额										附
		千	百	十	万	千	百	十	元	角	分	件
安泰公司	客户将定期存款转存活期存款				¥	4	8	0	0	0	0	1
												张
合　　计					¥	4	8	0	0	0	0	

会计：　　　　复核：　　　　记账：　　　　制票：×××

中国工商银行金华支行转账贷方传票

2014 年 3 月 1 日

转贷字第 1 号

科目(贷):吸收活期存款　　　　　　　　　对方科目(借):吸收定期存款

户名或账号	摘　要	金　额										附件1张
		千	百	十	万	千	百	十	元	角	分	
安泰公司	客户将定期存款转存活期存款		¥	4	8	0	0	0	0	0	0	
合　计			¥	4	8	0	0	0	0	0	0	

会计:　　　　复核:　　　　记账:　　　　制票:×××

中国工商银行金华支行转账借方传票

2014 年 3 月 1 日

转借字第 2 号

科目(借):吸收活期储蓄存款　　　　　　　　对方科目(贷):吸收定期储蓄存款

户名或账号	摘　要	金　额										附件1张
		千	百	十	万	千	百	十	元	角	分	
赵雪	客户将活期存款转存定期存款		¥	1	2	0	0	0	0	0	0	
合　计			¥	1	2	0	0	0	0	0	0	

会计:　　　　复核:　　　　记账:　　　　制票:×××

中国工商银行金华支行转账贷方传票

2014 年 3 月 1 日

转贷字第 2 号

科目(贷):吸收定期储蓄存款　　　　　　　　对方科目(借):吸收活期储蓄存款

户名或账号	摘　要	金　额										附件1张
		千	百	十	万	千	百	十	元	角	分	
赵雪	客户将活期储蓄存款转存定期存款		¥	1	2	0	0	0	0	0	0	
合　计			¥	1	2	0	0	0	0	0	0	

会计:　　　　复核:　　　　记账:　　　　制票:×××

中国工商银行特种转账借方传票

2014 年 3 月 1 日 　　　　　　特转借字第 1 号

付款人	全　称	安西工厂		收款人	全　称	浦江公司	
	账号或地址	1102738612 71			账号或地址	110136781285	
	开户银行	金华支行	行号		开户银行	黄浦支行	行号

金额	人民币 (大写) 陆佰叁拾元整					千	百	十	万	千	百	十	元	角	分	附件
										¥	6	3	0	0	0	

原凭证金额	84 000	赔偿金	630	会计分录：	张
原凭证名称	托收承付	号　码		科目(借)吸收活期存款	
转账原因	托收承付结算逾期赔偿金			对方科目(贷)联行往账	
				会计主管：　复核：　记账：　制票 ×××	

中国工商银行金华支行转账贷方传票

转贷字第 3 号

科目(贷)：联行往账 　　　2014 年 3 月 1 日　　　对方科目(借)：吸收活期存款

户名或账号	摘　要	金　额										附件
		千	百	十	万	千	百	十	元	角	分	1
浦江公司	收取托收承付结算逾期赔偿金					¥	6	3	0	0	0	张
合　　计						¥	6	3	0	0	0	

会计：　　　　复核：　　　　记账：　　　　制票：×××

中国工商银行金华支行转账借方传票

总字第 $7\frac{1}{2}$ 号

转借字第 3 号

科目(借)：吸收活期存款　　　　2014 年 3 月 1 日　　　　对方科目(贷)：短期贷款

户名或账号	摘要	金额									
		千	百	十	万	千	百	十	元	角	分
瑞金商厦	客户以活期存款归还短期贷款		¥	8	0	0	0	0	0	0	0
合计			¥	8	0	0	0	0	0	0	0

附件 1 张

会计：　　　　复核：　　　　记账：　　　　制票：×××

中国工商银行金华支行转账贷方传票

总字第 $7\frac{2}{2}$ 号

转贷字第 4 号

科目(贷)：短期贷款　　　　2014 年 3 月 1 日　　　　对方科目(贷)：吸收活期存款

户名或账号	摘要	金额									
		千	百	十	万	千	百	十	元	角	分
瑞金商厦	客户以活期存款归还短期贷款		¥	8	0	0	0	0	0	0	0
合计			¥	8	0	0	0	0	0	0	0

附件 1 张

会计：　　　　复核：　　　　记账：　　　　制票：×××

中国工商银行金华支行现金付出传票

(借)存放中央银行款项　　　　　　　　　　　　总字第 8 号
(贷)库存现金　　　　　2014 年 3 月 1 日　　　现付字第 3 号

户名或账号	摘要	金额									
		千	百	十	万	千	百	十	元	角	分
中国人民银行	向中国人民银行解缴回笼现金		¥	8	8	0	0	0	0	0	0
合计			¥	8	8	0	0	0	0	0	0

附件 1 张

会计：　　　出纳：　　　复核：　　　记账：　　　制票：×××

中国工商银行金华支行转账借方传票

总字第 9 $\frac{1}{2}$ 号

转借字第 4 号

科目(借)：短期贷款　　　　2014 年 3 月 1 日　　对方科目(贷)：吸收活期存款

户名或账号	摘　　　要	金　　额										附件1张
		千	百	十	万	千	百	十	元	角	分	
安西工厂	发给客户短期贷款转入活期存款	¥	1	0	0	0	0	0	0	0	0	
合　　　计		¥	1	0	0	0	0	0	0	0	0	

会计：　　　　　复核：　　　　　记账：　　　　　制票：×××

中国工商银行金华支行转账贷方传票

总字第 9 $\frac{2}{2}$ 号

转贷字第 5 号

科目(贷)：吸收活期存款　　　　2014 年 3 月 1 日　　　　对方科目(借)：短期贷款

户名或账号	摘　　　要	金　　额										附件1张
		千	百	十	万	千	百	十	元	角	分	
安西工厂	发给客户短期贷款转入活期存款	¥	1	0	0	0	0	0	0	0	0	
合　　　计		¥	1	0	0	0	0	0	0	0	0	

会计：　　　　　复核：　　　　　记账：　　　　　制票：×××

练习题四　练习会计账簿的登记

　　1. 和 2. 登记现金收入日记簿、现金付出日记簿和现金库存簿如图表题解 2-11～2-13 所示。

图表题解 2-11

现金收入日记簿

2014 年 3 月 1 日　　　　　　　第 1 页　共 1 页

凭证号数	币别	对方科目	账号	金额								
				百	十	万	千	百	十	元	角	分
现收 1	人民币	吸收活期存款	110273861272		1	1	7	8	0	0	0	0
合　　　计					1	1	7	8	0	0	0	0

复核：　　　　　　　　　　　　　　　　　　　　　出纳：×××

图表题解 2-12

现金付出日记簿

2014 年 3 月 1 日　　　　　　　第 1 页　共 1 页

凭证号数	币别	对方科目	账号	金额								
				百	十	万	千	百	十	元	角	分
现付 1	人民币	吸收活期储蓄存款	110273865421				2	5	0	0	0	0
现付 2	人民币	吸收活期存款	110273862618				6	0	0	0	0	0
现付 3	人民币	存放中央银行款项				8	8	0	0	0	0	0
合　　　计						9	6	5	0	0	0	0

复核：　　　　　　　　　　　　　　　　　　　　　出纳：×××

图表题解 2-13

现金库存簿(人民币)

2014 年		本 日 共 收											本 日 共 付											本 日 库 存									
月	日	凭证号数	金额										凭证号数	金额										金额									
			百	十	万	千	百	十	元	角	分		百	十	万	千	百	十	元	角	分	百	十	万	千	百	十	元	角	分
2	28																							1	7	8	8	0	0	0
3	1	1		1	1	7	8	0	0	0	0	3			9	6	5	0	0	0	0		2	0	0	1	8	0	0	0

　　3. 登记吸收活期存款、吸收活期储蓄存款和短期贷款明细账如图表题解 2-14～2-16 所示。

图表题解 2-14

吸收活期存款

户名：安西工厂

本账总页数	
本户页数	1

领用凭证记录：

2014年		摘要	凭证号数	对方科目	借方								贷方								借或贷	余额							
月	日				十	万	千	百	十	元	角	分	十	万	千	百	十	元	角	分		十	万	千	百	十	元	角	分
2	28	期初余额																			贷			3	5	0	0	0	0
3	1	托收承付逾期赔偿金	特借转1	联行往来			6	3	0	0	0										贷			2	8	7	0	0	0
	1	发放贷款	贷转5	短期贷款									1	0	0	0	0	0	0	0	贷	1	0	2	8	7	0	0	0
合计：																													

复核盖章

记账：×××

吸收活期存款

户名：安泰公司

本账总页数	
本户页数	1

领用凭证记录：

2014年		摘要	凭证号数	对方科目	借方								贷方								借或贷	余额							
月	日				十	万	千	百	十	元	角	分	十	万	千	百	十	元	角	分		十	万	千	百	十	元	角	分
2	28	期初余额																			贷			2	2	8	0	0	0
3	1	提取现金	现付2	库存现金			6	0	0	0	0										贷			2	2	2	0	0	0
	1	转活期存款	贷转1	吸收定期存款											4	8	0	0	0	0	贷			2	7	0	0	0	0
合计：																													

复核盖章

记账：×××

吸收活期存款

户名:瑞金商厦　　本账总页数：　　本户页数：1　　领用凭证记录：　　复核盖章

2014年 月	日	摘要	对方科目	凭证号数	借方 十万千百十元角分	贷方 十万千百十元角分	借或贷	余额 十万千百十元角分
2	28	期初余额					贷	1 1 5 6 0 0 0 0
3	1	存入销货款	库存现金	现收1		1 1 7 8 0 0 0 0	贷	2 3 3 4 0 0 0 0
3	1	活期存款归还短期贷款	短期贷款	借转5	8 0 0 0 0 0 0		贷	1 5 3 4 0 0 0 0
合计:					8 0 0 0 0 0 0	1 1 7 8 0 0 0 0		

记账:×××

图表题解 2-15

吸收活期储蓄存款

户名:王伟　　账号:110273865421　　利率：　　本账总页数：　　本户页数：1　　复核盖章

2014年 月	日	摘要	对方科目	凭证号数	借方 十万千百十元角分	贷方 十万千百十元角分	借或贷	余额 十万千百十元角分	日	积数 十万千百十元角分
3	1	期初余额					贷	2 5 0 0 0 0		2 5 0 0 0 0 0
3	1	取出	库存现金	现付1	2 5 0 0 0		贷	2 2 5 0 0 0		2 2 5 0 0 0 0
合计:										

记账:×××

吸收活期储蓄存款

账号:11026184900 2 户名:赵雪 利率:

本账总页数	
本户页数	1

2014年 月	日	凭证号数	摘要	对方科目	借方 十万千百十元角分	贷方 十万千百十元角分	借或贷	余额 十万千百十元角分	积数 日 十万千百十元角分	复核盖章
3	1		期初余额				贷	3 7 5 0 0 0 0		
3	1	借转 2	转存定期存款	吸收定期储蓄存款	1 2 0 0 0 0 0		贷	2 5 0 0 0 0 0		

会计:　　　　记账:×××

图表题解 2-16

短期贷款

本账总页数	
本户页数	1

2014年 月	日	户名	摘要	凭证号数	对方科目	借方 十万千百十元角分	贷方 十万千百十元角分	销张	借或贷	余额 十万千百十元角分	复核盖章
3	1		期初余额						贷	8 0 0 0 0 0 0 0	
3	1	瑞金商厦	收回贷款	贷转 4	吸收活期存款		8 0 0 0 0 0 0 0		平		
3	1	安西工厂	发放贷款	借转 4	吸收活期存款	1 0 0 0 0 0 0 0			借	1 0 0 0 0 0 0 0	

会计:　　　　记账:×××

111

4. 编制科目日结单如图表题解 2-17 所示。

图表题解 2-17

科 目 日 结 单

科目: 库存现金　　　　　　　　2014 年 3 月 1 日

借　方										贷　方									
传票张数	金　额									传票张数	金　额								
	百	十	万	千	百	十	元	角	分		百	十	万	千	百	十	元	角	分
现金1张			1	1	7	8	0	0	0	现金 3 张				9	6	5	0	0	0
转账 /张										转账 /张									
合计1张			1	1	7	8	0	0	0	合计 3 张				9	6	5	0	0	0

事后监督:　　　　　　复核:　　　　　　记账:　　　　　　　制单:×××

科 目 日 结 单

科目: 存放中央银行款项　　　　2014 年 3 月 1 日

借　方										贷　方									
传票张数	金　额									传票张数	金　额								
	百	十	万	千	百	十	元	角	分		百	十	万	千	百	十	元	角	分
现金1张			8	8	0	0	0	0	0	现金 /张									
转账 /张										转账 /张									
合计1张			8	8	0	0	0	0	0	合计 /张									

事后监督:　　　　　　复核:　　　　　　记账:　　　　　　　制单:×××

科 目 日 结 单

科目: 短期贷款　　　　　　　　2014 年 3 月 1 日

借　方										贷　方									
传票张数	金　额									传票张数	金　额								
	百	十	万	千	百	十	元	角	分		百	十	万	千	百	十	元	角	分
转账1张		1	0	0	0	0	0	0	0	转账 1 张			8	0	0	0	0	0	0
合计1张		1	0	0	0	0	0	0	0	合计 1 张			8	0	0	0	0	0	0

事后监督:　　　　　　复核:　　　　　　记账:　　　　　　　制单:×××

科目日结单

科目：吸收活期存款　　　2014 年 3 月 1 日

传票张数 (借方)	百	十	万	千	百	十	元	角	分	传票张数 (贷方)	百	十	万	千	百	十	元	角	分
现金1张				6	0	0	0	0	0	现金1张		1	1	7	8	0	0	0	0
转账1张			8	0	0	0	0	0	0	转账2张		1	4	8	0	0	0	0	0
特种转账1张					6	3	0	0	0										
合计3张			8	6	6	3	0	0	0	合计3张		2	6	5	8	0	0	0	0

事后监督：　　　　复核：　　　　记账：　　　　　　　制单：×××

科目日结单

科目：吸收定期存款　　　2014 年 3 月 1 日

传票张数 (借方)	百	十	万	千	百	十	元	角	分	传票张数 (贷方)	百	十	万	千	百	十	元	角	分
转账1张				4	8	0	0	0	0	转账/张									
合计1张				4	8	0	0	0	0	合计/张									

事后监督：　　　　复核：　　　　记账：　　　　　　　制单：×××

科目日结单

科目：吸收活期储蓄存款　　　2014 年 3 月 1 日

传票张数 (借方)	百	十	万	千	百	十	元	角	分	传票张数 (贷方)	百	十	万	千	百	十	元	角	分
现金1张				2	5	0	0	0	0	现金/张									
转账1张			1	2	0	0	0	0	0	转账/张									
合计2张			1	4	5	0	0	0	0	合计/张									

事后监督：　　　　复核：　　　　记账：　　　　　　　制单：×××

科目日结单

科目：吸收定期储蓄存款 　　2014 年 3 月 1 日

借　　方											贷　　方										
传票张数	金　额										传票张数	金　额									
	百	十	万	千	百	十	元	角	分			百	十	万	千	百	十	元	角	分
现金/张											现金/张										
转账/张											转账 1 张			1	2	0	0	0	0	0
合计/张											合计 1 张			1	2	0	0	0	0	0

事后监督：　　　　复核：　　　　记账：　　　　制单：×××

科目日结单

科目：联行往账 　　2014 年 3 月 1 日

借　　方											贷　　方										
传票张数	金　额										传票张数	金　额									
	百	十	万	千	百	十	元	角	分			百	十	万	千	百	十	元	角	分
现金/张											现金/张										
转账/张											转账 1 张					6	3	0	0	0
合计/张											合计 1 张					6	3	0	0	0

事后监督：　　　　复核：　　　　记账：　　　　制单：×××

5. 登记总分类账如图表题解 2-18 所示。

图表题解 2-18

账户名称：吸收活期存款

总 分 类 账

2014 年 3 月份　　　　　　　　　　第×页

	借　方										贷　方									
	千	百	十	万	千	百	十	元	角	分	千	百	十	万	千	百	十	元	角	分
上年底余额																				
本年累计发生额		2	8	5	4	0	0	0	0	0		8	1	3	4	0	0	0	0	
上月底余额												2	9	8	6	0	0	0	0	
												8	2	6	6	0	0	0	0	

日期	发　生　额																				余　额									
	借方										贷方										借方					贷方				
	千	百	十	万	千	百	十	元	角	分	千	百	十	万	千	百	十	元	角	分	千百十万千百十元角分					千	百	十	万	千百十元角分
1		8	6	6	3	0	0	0	0			2	6	5	8	0	0	0	0							1	0	0	5	7 7 0 0 0
合计：																														

核对　　　　　盖章

记账：×××

总 分 类 账

账户名称：吸收活期储蓄存款　　　　2014 年 3 月份　　　　第×页

项目	借方　千百十万千百十元角分	贷方　千百十万千百十元角分
上年底余额		1 3 3 3 4 0 0 0 0
本年累计发生额	1 2 3 8 0 0 0 0 0	1 4 6 2 0 0 0 0 0
上月底余额		1 5 5 8 0 0 0 0 0

日期	发生额 借方　千百十万千百十元角分	发生额 贷方　千百十万千百十元角分	余额 借方　千百十万千百十元角分	余额 贷方　千百十万千百十元角分
1	1 4 5 0 0 0 0			
合计				1 4 1 3 0 0 0 0

核对　　盖章

记账：×××

总分类账

账户名称：短期贷款　　　　2014 年 3 月份　　　　第 × 页

项目	借方 千百十万千百十元角分	贷方 千百十万千百十元角分
上年底余额	9 0 4 0 0 0 0 0	0 0
本年累计发生额	3 5 6 0 0 0 0 0	3 3 9 0 0 0 0 0
上月底余额	9 2 1 0 0 0 0 0	0 0

日期	发生额 借方 千百十万千百十元角分	发生额 贷方 千百十万千百十元角分	余额 借方 千百十万千百十元角分	余额 贷方 千百十万千百十元角分
1	1 0 0 0 0 0 0 0	8 0 0 0 0 0 0	9 4 1 0 0 0 0 0	
合计：				

核对

盖章

记账：×××

借	库 存 现 金		贷
期初余额	178 880		
3/1	117 800	3/1	96 500
本日发生额	117 800	本月发生额	96 500
期末余额	200 180		

借	存放中央银行款项		贷
期初余额	282 100		
3/1	88 000		
本日发生额	88 000		
期末余额	370 100		

借	存 放 同 业		贷
期初余额	199 220		

借	中 长 期 贷 款		贷
期初余额	335 000		

借	固 定 资 产		贷
期初余额	152 800		

借	吸收定期存款		贷
		期初余额	399 200
3/1	48 000		
本日发生额	48 000	本日发生额	—
		期末余额	351 200

借	吸收定期储蓄存款		贷
		期初余额	171 200
		3/1	12 000
		本日发生额	12 000
		期末余额	183 200

借	同 业 存 放		贷
		期初余额	236 200

	联 行 往 账		
		3/1	630
		本日发生额	630
		期末余额	630

	实 收 资 本		
		期初余额	280 000

6. 编制日计表如图表题解 2-19 所示。

图表题解 2-19

日 计 表

2014 年 3 月 1 日

账 户 名 称	本日发生额		本 日 余 额	
	借 方	贷 方	借 方	贷 方
库存现金	117 800	96 500	200 180	
存放中央银行款项	88 000		370 100	
存放同业			199 220	
短期贷款	100 000	80 000	941 000	
中长期贷款			335 000	
固定资产			152 800	

（续表）

账 户 名 称	本日发生额		本日余额	
	借　方	贷　方	借　方	贷　方
吸收活期存款	86 630	265 800		1 005 770
吸收定期存款	48 000			351 200
吸收活期储蓄存款	14 500			141 300
吸收定期储蓄存款		12 000		183 200
同业存放				236 200
联行往账		630		630
实收资本				280 000
合　　计	454 930	454 930	2 198 300	2 198 300

练习题五　练习错账的更正

1. 应先用红字金额填制一张内容相同的记账凭证，作分录如下：

借：吸收定期储蓄存款　　　　　　　　　　　　　　20 000

　　贷：吸收活期储蓄存款　　　　　　　　　　　　20 000

再用蓝字金额填制一张正确的记账凭证，作分录如下：

借：吸收活期储蓄存款　　　　　　　　　　　　　　20 000

　　贷：吸收定期储蓄存款　　　　　　　　　　　　20 000

2. 应用红字金额填制一张记账凭证，将多计金额 9 000 元冲销，作分录如下：

借：存放中央银行款项　　　　　　　　　　　　　　9 000

　　贷：库存现金　　　　　　　　　　　　　　　　9 000

3. 应先用红字金额填制一张内容相同的记账凭证，作分录如下：

借：吸收定期存款　　　　　　　　　　　　　　　　5 400

　　贷：库存现金　　　　　　　　　　　　　　　　5 400

再用蓝字金额填制一张正确的记账凭证，作分录如下：

借：吸收活期存款　　　　　　　　　　　　　　　　4 500

　　贷：库存现金　　　　　　　　　　　　　　　　4 500

4. 应用蓝字金额填制一张记账凭证,将少计金额 9 000 元补上,作分录如下:

借:库存现金   9 000

    贷:吸收活期存款   9 000

5. 因尚未登记入账,用划线更正法将原错误数字 6 000 元用红字划去,在错误数字的上方写上 60 000 元即可。

练习题六　练习科目日结单账务处理程序

1. 和 2. 编制记账凭证如图表题解 2-20 所示。

图表题解 2-20

中国工商银行常熟支行现金付出传票

(借)吸收活期储蓄存款   总字第 1 号

(贷)库存现金   2014 年 4 月 1 日   现付字第 1 号

户名或账号	摘　　要	金　额										附件1张
		千	百	十	万	千	百	十	元	角	分	
李松	客户提取现金				¥	1	0	0	0	0	0	
合　　计					¥	1	0	0	0	0	0	

会计: 出纳: 复核: 记账: 制票:×××

中国工商银行常熟支行转账借方传票

总字第 $2\frac{1}{2}$ 号

2014 年 4 月 1 日   转借字第 1 号

科目(借):吸收活期存款   对方科目(贷):吸收定期存款

户名或账号	摘　　要	金　额										附件1张
		千	百	十	万	千	百	十	元	角	分	
锦龙商厦	客户将活期存款转存定期存款				¥	6	0	0	0	0	0	
合　　计					¥	6	0	0	0	0	0	

会计: 复核: 记账: 制票:×××

中国工商银行常熟支行转账贷方传票

总字第 2 $\frac{2}{2}$ 号

2014 年 4 月 1 日　　　　　　　　转贷字第 1 号

科目(贷)：吸收定期存款　　　　　　对方科目(借)：吸收活期存款

户名或账号	摘　　要	金　　　额										附件1张
		千	百	十	万	千	百	十	元	角	分	
锦龙商厦	客户将活期存款转存定期存款			¥	6	0	0	0	0	0	0	
合　　　计				¥	6	0	0	0	0	0	0	

会计：　　　　复核：　　　　　记账：　　　　　　制票：×××

中国工商银行常熟支行现金收入传票

(贷)吸收活期存款　　　　　　　　　　总字第 3 号

(借)库存现金　　　　2014 年 4 月 1 日　　　现收字第 1 号

户名或账号	摘　　要	金　　　额										附件1张
		千	百	十	万	千	百	十	元	角	分	
锦龙商厦	客户存入销货现金			¥	1	2	5	0	0	0	0	
合　　　计				¥	1	2	5	0	0	0	0	

会计：　　　出纳：　　　复核：　　　记账：　　　制票：×××

中国工商银行常熟支行转账借方传票

总字第 4 $\frac{1}{2}$ 号

转借字第 2 号

科目(借)：吸收活期存款　2014 年 4 月 1 日　对方科目(贷)：短期贷款

户名或账号	摘　　要	金　　　额										附件1张
		千	百	十	万	千	百	十	元	角	分	
全泰工厂	客户将活期存款归还短期贷款			¥	1	0	0	0	0	0	0	
合　　　计				¥	1	0	0	0	0	0	0	

会计：　　　　复核：　　　　　记账：　　　　　　制票：×××

中国工商银行常熟支行转账贷方传票

总字第 4 $\frac{2}{2}$ 号

转贷字第 2 号

科目(贷)：短期贷款　　　　2014 年 4 月 1 日　　　　对方科目(借)：吸收活期存款

户名或账号	摘　　　要	金　　　额									
		千	百	十	万	千	百	十	元	角	分
全泰工厂	客户将活期存款归还短期贷款	¥	1	0	0	0	0	0	0	0	0
合　　　计		¥	1	0	0	0	0	0	0	0	0

会计：　　　　复核：　　　　记账：　　　　制票：×××

附件 1 张

中国工商银行常熟支行现金付出传票

(借)存放中央银行款项　　　　　　　　　　总字第 5 号

(贷)库存现金　　　　2014 年 4 月 1 日　　　现付字第 2 号

户名或账号	摘　　　要	金　　　额									
		千	百	十	万	千	百	十	元	角	分
中国人民银行	向中国人民银行解交回笼现金	¥	1	5	0	0	0	0	0	0	0
合　　　计		¥	1	5	0	0	0	0	0	0	0

会计：　　出纳：　　复核：　　记账：　　制票：×××

附件 1 张

中国工商银行常熟支行现金付出传票

(借)吸收活期存款　　　　　　　　　　　总字第 6 号

(贷)库存现金　　　　2014 年 4 月 1 日　　　现付字第 3 号

户名或账号	摘　　　要	金　　　额									
		千	百	十	万	千	百	十	元	角	分
全泰工厂	客户提取现金			¥	1	6	0	0	0	0	0
合　　　计				¥	1	6	0	0	0	0	0

会计：　　出纳：　　复核：　　记账：　　制票：×××

附件 1 张

中国工商银行特种转账借方传票

总字第 7 $\frac{1}{2}$ 号

2014 年 4 月 1 日   特转借字第 1 号

付款人	全　称	长丰工厂	收款人	全　称	宏远公司
	账号或地址	110566221236		账号或地址	110101021564
	开户银行	常熟支行 | 行号		开户银行	黄浦支行 | 行号

金额	人民币（大写）捌佰捌拾贰元整	千 百 十 万 千 百 十 元 角 分
		¥ 8 8 2 0 0

原凭证金额	98 000	赔偿金	882	会计分录：
原凭证名称	托收承付	号　码		科目(借)吸收活期存款
转账原因	托收承付结算逾期赔偿金			对方科目(贷)联行往账

会计主管：　复核：　记账：　制票×××

附件　　张

中国工商银行金华支行转账贷方传票

总字第 7 $\frac{2}{2}$ 号

转贷字第 3 号

科目(贷)：联行往账　　　2014 年 3 月 1 日　　　对方科目(借)：吸收活期存款

户名或账号	摘　　　要	金　额
		千 百 十 万 千 百 十 元 角 分
宏远公司	支付托收承付结算逾期赔偿金	¥ 8 8 2 0 0
合　　　计		¥ 8 8 2 0 0

会计：　　　复核：　　　记账：　　　制票：×××

附件 1 张

中国工商银行常熟支行转账借方传票

总字第 8 $\frac{1}{2}$ 号

转借字第 3 号

科目(借)：短期贷款　　　2014 年 4 月 1 日　　　对方科目(贷)：吸收活期存款

户名或账号	摘　　　要	金　额
		千 百 十 万 千 百 十 元 角 分
长丰工厂	发放短期贷款转入活期存款	¥ 1 2 0 0 0 0 0 0
合　　　计		¥ 1 2 0 0 0 0 0 0

会计：　　　复核：　　　记账：　　　制票：×××

附件 1 张

中国工商银行常熟支行转账贷方传票

总字第 8 $\frac{2}{2}$ 号

转贷字第 4 号

科目(贷):吸收活期存款　　　2014 年 4 月 1 日　　　对方科目(借):短期贷款

户名或账号	摘　　要	金　　额										
		千	百	十	万	千	百	十	元	角	分
长丰工厂	发放短期贷款转入活期存款		¥	1	2	0	0	0	0	0	0
合　　计			¥	1	2	0	0	0	0	0	0

会计:　　　　复核:　　　　记账:　　　　制票:×××

附件 1 张

中国工商银行常熟支行现金收入传票

(贷)吸收活期储蓄存款　　　　　　　　　　　总字第 9 号

(借)库存现金　　　　2014 年 4 月 1 日　　　现收字第 2 号

户名或账号	摘　　要	金　　额										
		千	百	十	万	千	百	十	元	角	分
曹亮	客户存入现金				¥	3	2	0	0	0	0
合　　计					¥	3	2	0	0	0	0

会计:　　　　复核:　　　　记账:　　　　制票:×××

附件 1 张

中国工商银行常熟支行转账借方传票

总字第 10 $\frac{1}{2}$ 号

2014 年 4 月 1 日　　　转借字第 4 号

科目(借):吸收活期储蓄存款　　　　对方科目(贷):吸收定期储蓄存款

户名或账号	摘　　要	金　　额										
		千	百	十	万	千	百	十	元	角	分
李松	客户将活期存款转存定期存款				¥	1	5	0	0	0	0
合　　计					¥	1	5	0	0	0	0

会计:　　　　复核:　　　　记账:　　　　制票:×××

附件 1 张

中国工商银行常熟支行转账贷方传票

总字第 10 $\frac{2}{2}$ 号

2014 年 4 月 1 日 　　转贷字第 5 号

科目(贷)：吸收定期储蓄存款 　　对方科目(借)：吸收活期储蓄存款

户名或账号	摘　　要	金　　额									附件
		千	百	十	万	千	百	十	元	角 分	
李松	客户将活期存款转存定期存款			¥	1	5	0	0	0	0 0	1 张
合　　计				¥	1	5	0	0	0	0 0	

会计：　　　　复核：　　　　记账：　　　　制票：×××

3. 登记现金收入日记簿、现金付出日记簿和现金库存簿如图表题解 2-21～2-23 所示。

图表题解 2-21

现金收入日记簿

2014 年 4 月 1 日

凭证号数	币　别	对 方 科 目	账　　号	金　　额								
				百	十	万	千	百	十	元	角	分
现收 1	人民币	吸收活期存款	110566221235		1	2	5	0	0	0	0	0
现收 2	人民币	吸收活期储蓄存款	110566214322			3	2	0	0	0	0	0
合　　计					1	5	7	0	0	0	0	0

复核：　　　　　　　　　　　　　出纳：×××

图表题解 2-22

现金付出日记簿

2014 年 4 月 1 日

凭证号数	币　别	对 方 科 目	账　　号	金　　额								
				百	十	万	千	百	十	元	角	分
现付 1	人民币	吸收活期储蓄存款	110566224321			1	0	0	0	0	0	0
现付 2	人民币	存放中央银行款项				1	5	0	0	0	0	0
现付 3	人民币	吸收活期存款	110566221234				1	6	0	0	0	0
合　　计					1	6	1	6	0	0	0	0

复核：　　　　　　　　　　　　　出纳：×××

图表题解 2-23

现金库存簿(人民币)

2014 年		本 日 共 收										本 日 共 付											本 日 库 存									
月	日	凭证号数	金　额									凭证号数	金　额									金　额											
			百	十	万	千	百	十	元	角	分		百	十	万	千	百	十	元	角	分	百	十	万	千	百	十	元	角	分		
3	31																					2	5	1	2	0	0	0	0			
4	1	2		1	5	7	0	0	0	0	0	3		1	6	1	6	0	0	0	0	2	4	6	0	0	0	0	0			

4. 登记"吸收活期存款"和"吸收活期储蓄存款"明细账如图表题解 2-24～2-25 所示。

图表题解 2-24

吸收活期存款

户名:全泰工厂

本账总页数	
本户页数	1

领用凭证记录:

2014年		摘要	凭证号数	对方科目	借方 十万千百十元角分	贷方 十万千百十元角分	借或贷	余额 十万千百十元角分
月	日							
4	1	期初余额					贷	4 6 2 6 0 0 0 0
	1	归还短期贷款	借转2	短期贷款	1 0 0 0 0 0 0 0		贷	3 6 2 6 0 0 0 0
	1	提取现金	现付3	库存现金	1 6 0 0 0 0		贷	3 6 1 0 0 0 0 0
合计:					1 6 0 0 0 0 0 0			

复核盖章:

记账:×××

吸收活期存款

户名:锦龙商厦

本账总页数	
本户页数	1

领用凭证记录:

2014年		摘要	凭证号数	对方科目	借方 十万千百十元角分	贷方 十万千百十元角分	借或贷	余额 十万千百十元角分
月	日							
4	1	期初余额					贷	3 5 6 8 0 0 0 0
	1	转存定期存款	借转1	吸收定期存款	6 0 0 0 0 0 0 0		贷	2 9 6 8 0 0 0 0
	1	存入销货款	现收1	库存现金		1 2 5 0 0 0 0 0	贷	4 2 1 8 0 0 0 0
合计:					6 0 0 0 0 0 0 0	1 2 5 0 0 0 0 0		

复核盖章:

记账:×××

吸收活期存款

户名:长丰工厂

本账总页数　本户页数　1　　领用凭证记录:　记账:×××

2014年 月	日	摘要	凭证号数	对方科目	借方	贷方	借或贷	余额
4	1	期初余额					借	5 0 0 0 0
	1	逾期赔偿金	借特转1	联行往账	8 8 2 0 0		贷	4 6 1 8 0 0
	1	发放短期贷款	贷转4	短期贷款		1 2 0 0 0 0 0 0	贷	2 4 6 1 8 0 0
合计:								

图表题解2-25

吸收活期储蓄存款

户名:李松

本账总页数　本户页数　1　　记账:×××

账户:11056622 4321

2014年 月	日	摘要	凭证号数	对方科目	借方	贷方	借或贷	积数 日	余额
4	1	期初余额					贷		9 2 0 0 0 0
	1	取出	现付1	库存现金	1 0 0 0 0 0		贷		8 2 0 0 0 0
	1	转存定期存款	借转4	吸收定期储蓄存款	1 5 0 0 0 0 0		贷		6 7 0 0 0 0
合计:									

吸收活期储蓄存款

户名:曹亮

本账总页数　本户页数　1　　记账:×××

账户:11056622 4322

2014年 月	日	摘要	凭证号数	对方科目	借方	贷方	借或贷	积数 日	余额
4	1	期初余额					贷		5 6 0 0 0 0
	1	存入	现收2	库存现金		3 2 0 0 0 0	贷		8 8 6 0 0 0
合计:									

5.编制科目日结单如图表题解 2-26 所示。

图表题解 2-26

科 目 日 结 单

科目：库存现金　　　　　　2014 年 4 月 1 日

传票张数	百	十	万	千	百	十	元	角	分	传票张数	百	十	万	千	百	十	元	角	分
现金 2 张		1	5	7	0	0	0	0	0	现金 3 张		1	6	1	6	0	0	0	0
合计 2 张		1	5	7	0	0	0	0	0	合计 3 张		1	6	1	6	0	0	0	0

事后监督：　　　　　复核：　　　　　记账：　　　　　制单：×××

科 目 日 结 单

科目：存放中央银行款项　　　　　2014 年 4 月 1 日

传票张数	百	十	万	千	百	十	元	角	分	传票张数	百	十	万	千	百	十	元	角	分
现金 1 张			1	5	0	0	0	0	0	现金 / 张									
合计 1 张			1	5	0	0	0	0	0	合计 / 张									

事后监督：　　　　　复核：　　　　　记账：　　　　　制单：×××

科 目 日 结 单

科目：短期贷款　　　　　　2014 年 4 月 1 日

传票张数	百	十	万	千	百	十	元	角	分	传票张数	百	十	万	千	百	十	元	角	分
转账 1 张			1	2	0	0	0	0	0	转账 1 张			1	0	0	0	0	0	0
合计 1 张			1	2	0	0	0	0	0	合计 1 张			1	0	0	0	0	0	0

事后监督：　　　　　复核：　　　　　记账：　　　　　制单：×××

科 目 日 结 单

科目：吸收活期存款　　　　　2014 年 4 月 1 日

传票张数	百	十	万	千	百	十	元	角	分	传票张数	百	十	万	千	百	十	元	角	分
现金 1 张				1	6	0	0	0	0	现金 1 张		1	2	5	0	0	0	0	0
转账 2 张		1	6	0	0	0	0	0	0	转账 1 张		1	2	0	0	0	0	0	0
特转 1 张					8	8	2	0	0										
合计 4 张		1	6	2	4	8	2	0	0	合计 2 张		2	4	5	0	0	0	0	0

事后监督：　　　　　复核：　　　　　记账：　　　　　制单：×××

科目日结单

科目：吸收定期存款　　2014 年 4 月 1 日

借方传票张数	百	十	万	千	百	十	元	角	分	贷方传票张数	百	十	万	千	百	十	元	角	分
转账/张										转账1张			6	0	0	0	0	0	0
合计/张										合计1张			6	0	0	0	0	0	0

事后监督：　　　　复核：　　　　记账：　　　　制单：×××

科目日结单

科目：吸收活期储蓄存款　　2014 年 4 月 1 日

借方传票张数	百	十	万	千	百	十	元	角	分	贷方传票张数	百	十	万	千	百	十	元	角	分
现金1张			1	0	0	0	0	0	0	现金1张			3	2	0	0	0	0	0
转账1张			1	5	0	0	0	0	0	转账/张									
合计			2	5	0	0	0	0	0	合计1张			3	2	0	0	0	0	0

事后监督：　　　　复核：　　　　记账：　　　　制单：×××

科目日结单

科目：吸收定期储蓄存款　　2014 年 4 月 1 日

借方传票张数	百	十	万	千	百	十	元	角	分	贷方传票张数	百	十	万	千	百	十	元	角	分
转账/张										转账1张			1	5	0	0	0	0	0
合计/张										合计1张			1	5	0	0	0	0	0

事后监督：　　　　复核：　　　　记账：　　　　制单：×××

科目日结单

科目：联行往账　　2014 年 4 月 1 日

借方传票张数	百	十	万	千	百	十	元	角	分	贷方传票张数	百	十	万	千	百	十	元	角	分
特转/张										特转1张					8	8	2	0	0
合计/张										合计1张					8	8	2	0	0

事后监督：　　　　复核：　　　　记账：　　　　制单：×××

6. 登记总分类账如图表题解 2-27 所示。

图表题解 2-27

账户名称：吸收活期存款

总 分 类 账

2014年4月份　　　　　　　　　　　第×页

项目	借方（千百十万千百十元角分）	贷方（千百十万千百十元角分）
上年底余额		8 0 3 2 0 0 0 0 0
本年累计发生额	4 3 4 8 0 0 0 0 0	4 5 6 5 0 0 0 0 0
上月底余额		8 2 4 9 0 0 0 0 0

核对　　　　　　　　盖章

日期	发生额 借方（千百十万千百十元角分）	发生额 贷方（千百十万千百十元角分）	余额 借方（千百十万千百十元角分）	余额 贷方（千百十万千百十元角分）
1	1 6 2 4 8 2 0 0	2 4 5 0 0 0 0 0		9 0 7 4 1 8 0 0
合计：				

总 分 类 账

账户名称：吸收活期储蓄存款

2014 年 4 月份　　第×页

	借方 千百十万千百十元角分	贷方 千百十万千百十元角分
上年底余额		1 3 2 0 0 0 0 0
本年累计发生额	1 9 0 6 0 0 0 0	2 0 7 2 0 0 0 0
上月底余额		1 4 8 6 0 0 0 0

日期	发生额 借方 千百十万千百十元角分	发生额 贷方 千百十万千百十元角分	余额 借方 千百十万千百十元角分	余额 贷方 千百十万千百十元角分
1	2 5 0 0 0 0 0	3 2 0 0 0 0 0		1 5 5 6 0 0 0 0
合计:				

核对　盖章

记账：×××

借	库 存 现 金		贷
期初余额	251 200	4/1	161 600
4/1	157 000		
本日发生额	157 000	本日发生额	161 600
期末余额	246 600		

借	吸收定期存款		贷
		期初余额	387 100
		4/1	60 000
		本日发生额	60 000
		期末余额	447 100

借	存放中央银行款项		贷
期初余额	276 000		
4/1	150 000		
本日发生额	150 000		
期末余额	426 000		

借	吸收定期储蓄存款		贷
		期初余额	189 500
		4/1	15 000
		本日发生额	15 000
		期末余额	204 500

借	存 放 同 业		贷
期初余额	219 600		

借	同 业 存 放		贷
		期初余额	280 900

借	短 期 贷 款		贷
期初余额	905 000		
4/1	120 000	4/1	100 000
本日发生额	120 000	本日发生额	100 000
期末余额	925 000		

借	联 行 往 账		贷
		4/1	882
		本月发生额	882
		期末余额	882

借	实 收 资 本		贷
		期初余额	320 000

借	中 长 期 贷 款		贷
期初余额	351 000		

借	固 定 资 产		贷
期初余额	148 200		

7. 编制日计表如图表题解 2-28 所示。

图表题解 2-28

日 计 表

2014 年 4 月 1 日

账 户 名 称	本日发生额		本 日 余 额	
	借 方	贷 方	借 方	贷 方
库存现金	157 000	161 600	246 600	
存放中央银行款项	150 000		426 000	
存放同业			219 600	
短期贷款	120 000	100 000	925 000	
中长期贷款			351 000	
固定资产			148 200	
吸收活期存款	162 482	245 000		907 418
吸收定期存款		60 000		447 100
吸收活期储蓄存款	25 000	32 000		155 600
吸收定期储蓄存款		15 000		204 500
同业存放				280 900
联行往账		882		882
实收资本				320 000
合　计	614 482	614 482	2 316 400	2 316 400

第三章 存款业务

判 断 题

一、是非题

1. 对 2. 错 3. 错 4. 错 5. 对 6. 对 7. 错 8. 错 9. 对

二、单项选择题

1. C 2. B 3. A 4. D

三、多项选择题

1. AC 2. ACD 3. ABC 4. CD 5. ABD

练习题一 练习单位存款业务的核算

编制会计分录如图表题解 3-1 所示。

图表题解 3-1

会 计 分 录

2013年 月	日	凭证号数	摘 要	会 计 科 目	借方金额	贷方金额
12	5	1	收到解缴现金	库存现金	129 800.00	
				吸收活期存款——光明商厦		129 800.00
	12	2	收到解缴现金	库存现金	92 100.00	
				吸收活期存款——华欣公司		92 100.00
	15	3	提取现金	吸收活期存款——光明商厦	18 800.00	
				库存现金		18 800.00
	20	4	结转本季度应负担的利息	利息支出——活期存款	1 043.00	
				吸收活期存款——光明商厦		305.00
				吸收活期存款——华欣公司		456.00
				吸收活期存款——武定工厂		282.00
	25	5	转存定期存款	吸收活期存款——武定工厂	78 000.00	
				吸收定期存款——1年期存款——武定工厂		78 000.00

（续表）

2013年		凭证号数	摘　要	会　计　科　目	借方金额	贷方金额
月	日					
12	28	6	转存定期存款	吸收活期存款——光明商厦	110 000.00	
				吸收定期存款——1年期存款——光明商厦		110 000.00
	31	7	预提本季度定期存款利息	利息支出	9 026.25	
				应付利息——1年期定期存款利息		7 620.00
				应付利息——3年期定期存款利息		1 406.25
2014年		8	定期存款转入活期存款	吸收定期存款——1年期存款——华欣公司	75 000.00	
1	5			应付利息——1年期定期存款利息	2 250.00	
				吸收活期存款——华欣公司		77 250.00
	10	9	定期存款转入活期存款	吸收定期存款——3年期存款——武定工厂	84 000.00	
				应付利息——3年期定期存款利息	11 340.00	
				吸收活期存款——武定工厂		95 340.00
	20	10	过期定期存款转入活期存款	吸收定期存款——1年期存款——光明商厦	96 000.00	
				应付利息——1年期定期存款利息	2 880.00	
				利息支出	14.83	
				吸收活期存款——光明商厦		98 894.83

练习题二　练习个人储蓄存款业务的核算

编制会计分录如图表题解 3-2 所示。

图表题解 3-2

会 计 分 录

2013年		凭证号数	摘　要	会　计　科　目	借方金额	贷方金额
月	日					
9	5	1	存入活期储蓄存款	库存现金	9 000.00	
				吸收活期储蓄存款——方东		9 000.00
	10	2	存入活期储蓄存款	库存现金	12 000.00	
				吸收活期储蓄存款——杜萍		12 000.00
	15	3	支取活期储蓄存款	吸收活期储蓄存款——张德	3 000.00	
				库存现金		3 000.00

(续表)

2013年 月	2013年 日	凭证 号数	摘 要	会 计 科 目	借方金额	贷方金额
9	20	4	提取应付储户利息	利息支出	213.60	
				吸收活期储蓄存款——杜萍		90.00
				吸收活期储蓄存款——张德		72.00
				吸收活期储蓄存款——王云		48.00
				吸收活期储蓄存款——方东		3.60
10	31	5	活期储户结清存款本息	吸收活期储蓄存款——张德	16 152.00	
				利息支出	4.85	
				库存现金		16 156.85
11	1	6	个人存入整存整取储蓄	库存现金	20 000.00	
				吸收定期储蓄存款——整存整取储蓄——田嘉		20 000.00
	15	7	支付整存整取本金和利息	吸收定期储蓄存款——整存整取储蓄——杜萍	18 000.00	
				应付利息——1年期整存整取储蓄利息	540.00	
				库存现金		18 540.00
	25	8	支付存本付息利息	应付利息——3年期存本付息储蓄利息	225.00	
				库存现金		225.00
12	12	9	支付零存整取储蓄本金和利息	吸收定期储蓄存款——零存整取储蓄——王云	10 800.00	
				应付利息——1年期零存整取储蓄利息	164.97	
				库存现金		10 964.97
	25	10	支付整存零取本金和利息	吸收定期储蓄存款——整存零取储蓄——张德	1 750.00	
				应付利息——1年期整存零取储蓄利息	320.78	
				库存现金		2 070.78
	31	11	预提本季度利息	利息支出	7 140.00	
				应付利息——1年期整存整取储蓄存款利息		3 585.00
				应付利息——3年期整存整取储蓄存款利息		2 925.00
				应付利息——3年期存本取息储蓄存款利息		630.00
	31	12	预提本季度利息	利息支出	3 116.10	
				应付利息——1年期零存整取储蓄存款利息		2 199.60
				应付利息——1年期整存零取储蓄存款利息		916.50

第四章 贷款和票据贴现业务

判 断 题

一、是非题

1. 错 2. 对 3. 错 4. 错 5. 对 6. 错 7. 错 8. 错 9. 错 10. 对 11. 错 12. 对 13. 对 14. 对

二、单项选择题

1. D 2. A 3. B 4. B 5. C

三、多项选择题

1. ABD 2. BCD 3. ACD 4. ABCD 5. ACD 6. ABC 7. BC 8. ABCD

练习题一 练习信用贷款的核算

编制会计分录如图表题解 4-1 所示。

图表题解 4-1

会 计 分 录

2014年 月	日	凭证号数	摘 要	会 计 科 目	借方金额	贷方金额
1	10	1	准予信用贷款	短期贷款——城中商厦 　吸收活期存款——城中商厦	100 000.00	100 000.00
	20	2	给予信用贷款,付给现金	短期贷款——王关林 　库存现金	60 000.00	60 000.00
2	10	3	归还1个月期限的贷款	吸收活期存款——城中商厦 　短期贷款——城中商厦 　利息收入	100 450.00	100 000.00 450.00

(续表)

2014年		凭证号数	摘　要	会　计　科　目	借方金额	贷方金额
月	日					
3	20	4	计收本季度利息	吸收活期存款——城中商厦	4 656.10	
				吸收活期存款——城东工厂	6 201.40	
				吸收活期存款——广林公司	9 988.90	
				利息收入		20 846.40
	20	5	计提农户贷款利息	应收利息——王关林	606.00	
				利息收入		606.00
10	20	6	半年期贷款到期但无款归还	逾期贷款——城中商厦	90 000.00	
				短期贷款——城中商厦		90 000.00
	30	7	归还逾期贷款并计收利息	吸收活期存款——城中商厦	90 165.00	
				逾期贷款——城中商厦		90 000.00
				利息收入		165.00
11	20	8	以现金付清信用贷款本息	库存现金	63 030.00	
				短期贷款——王关林		60 000.00
				应收利息——王关林		2 424.00
				利息收入		606.00

练习题二　练习抵押贷款的核算

编制会计分录如图表题解 4-2 所示。

图表题解 4-2

会　计　分　录

2014年		凭证号数	摘　要	会　计　科　目	借方金额	贷方金额
月	日					
2	20	1	准予抵押贷款	抵押贷款——湖滨工厂	90 000.00	
				吸收活期存款		90 000.00
3	15	2	抵押贷款已逾期，今以仓库作价入账	抵债资产	725 000.00	
				营业外支出	400.00	
				逾期贷款——广泰公司		720 000.00
				应收利息——广泰公司		5 400.00
	27	3	出售抵押仓库	存放中央银行款项	770 000.00	
				应交税费——应交营业税		38 500.00
				抵债资产		725 000.00
				营业外收入		6 500.00

（续表）

2014年		凭证	摘　要	会 计 科 目	借方金额	贷方金额
月	日	号数				
4	20	4	抵押贷款逾期，今将抵押的小汽车抵债	抵债资产 营业外支出 　逾期贷款——长丰工厂 　应收利息——长丰工厂	112 000.00 800.00	 111 000.00 1 800.00
	25	5	将抵债的小汽车转为自用予以转账	固定资产 　抵债资产	112 000.00	 112 000.00
5	30	6	抵债贷款已到期因无款归还予以转账	逾期贷款——刘行工厂 　抵押贷款——刘行工厂	90 000.00	 90 000.00
8	20	7	还清抵押贷款本金和利息	吸收活期存款　　湖滨工厂 　抵押贷款——湖滨工厂 　应收利息——湖滨工厂 　利息收入	92 430.00	 90 000.00 1 620.00 810.00

练习题三　练习票据贴现业务的核算

编制会计分录如图表题解 4-3 所示。

图表题解 4-3

会 计 分 录

2014年		凭证	摘　要	会 计 科 目	借方金额	贷方金额
月	日	号数				
1	15	1	银行承兑汇票贴现	贴现资产——面值 　吸收活期存款——欣星公司 　贴现资产——利息调整	120 000.00	 118 380.00 1 620.00
2	10	2	商业承兑汇票贴现	贴现资产——面值 　吸收活期存款——锡南工厂 　贴现资产——利息调整	108 000.00	 106 380.00 1 620.00
3	20	3	商业承兑汇票贴现	贴现资产——面值 　吸收活期存款——天河工厂 　贴现资产——利息调整	99 000.00	 97 218.00 1 782.00

(续表)

2014年		凭证	摘　要	会 计 科 目	借方金额	贷方金额
月	日	号数				
4	15	4-1	收到银行承兑汇票票款转销贴现资产面值	联行来账——绍兴支行　　贴现资产——面值	120 000.00	120 000.00
		4-2	转销贴现资产的利息调整	贴现资产——利息调整　　利息收入	1 620.00	1 620.00
5	20	5-1	收到商业承兑汇票未付款项通知书,扣回贴现款	吸收活期存款——锡南工厂　　贴现资产——面值	108 000.00	108 000.00
		5-2	转销贴现资产的利息调整	贴现资产——利息调整　　利息收入	1 620.00	1 620.00
7	20	6-1	收到商业承兑汇票未付款项通知书,扣回部分贴现款,不足部分转入逾期贷款	吸收活期存款——天河工厂　逾期贷款——天河工厂　　贴现资产——面值	69 000.00　30 000.00	99 000.00
	20	6-2	转销贴现资产的利息调整	贴现资产——利息调整　　利息收入	1 782.00	1 782.00

练习题四　练习贷款损失准备和坏账准备的核算

编制会计分录如图表题解 4-4 所示。

图表题解 4-4

会 计 分 录

2012年		凭证	摘　要	会 计 科 目	借方金额	贷方金额
月	日	号数				
12	31	1	计提本年度贷款损失准备	资产减值损失——贷款损失　　贷款损失准备	12 000.00	12 000.00
		2	计提本年度坏账准备	资产减值损失——坏账损失　　坏账准备——应收利息	2 340.00	2 340.00
2013年		3-1	因遭受水灾,无法追回逾期贷款转账	贷款损失准备　　逾期贷款——永昌公司	15 000.00	15 000.00
7	15	3-2	无法追回利息转账	坏账准备——应收利息　　应收利息——永昌公司	2 700.00	2 700.00

（续表）

2013年		凭证号数	摘 要	会 计 科 目	借方金额	贷方金额
月	日					
7	30	4	抵押贷款逾期1个月，今将小汽车抵债入账	抵债资产 营业外支出 　逾期贷款——长阳工厂 　应收利息——长阳工厂	142 500.00 2 850.00	 144 000.00 1 350.00
10	10	5-1	滨江工厂破产，无法追回逾期贷款	贷款损失准备 　逾期贷款——滨江工厂	6 600.00	 6 600.00
		5-2	无法追回利息	坏账准备——应收利息 　应收利息——滨江工厂	1 200.00	 1 200.00
12	31	6	计提本年度贷款损失准备	资产减值损失——贷款损失 　贷款损失准备	3 000.00	 3 000.00
	31	7	计提本年度坏账准备	资产减值损失——坏账损失 　坏账准备——应收利息	120.00	 120.00
2014年		8-1	转回已核销永昌公司的逾期贷款	逾期贷款——永昌公司 　贷款损失准备	15 000.00	 15 000.00
1	30	8-2	收回逾期贷款	吸收活期存款——永昌公司 　逾期贷款——永昌公司	15 000.00	 15 000.00
		8-3	转回已核销永昌公司的应收利息	应收利息——永昌公司 　坏账准备——应收利息	2 700.00	 2 700.00
		8-4	收回应收利息	吸收活期存款——永昌公司 　应收利息——永昌公司	2 700.00	 2 700.00

练习题五　练习债务重组的核算

1. 根据工商银行天河支行的经济业务编制会计分录如图表题解4-5所示。

图表题解 4-5

会 计 分 录

2012年		凭证号数	摘 要	会 计 科 目	借方金额	贷方金额
月	日					
1	5	(1)	大名工厂的一辆大客车抵偿逾期贷款本息	抵账资产 贷款损失准备 坏账准备 　逾期贷款——大名工厂 　应收利息——大名工厂 　营业外收入——债务重组利得	158 000.00 8 000.00 300.00	 160 000.00 6 000.00 300.00

(续表)

2012年 月	日	凭证 号数	摘　要	会　计　科　目	借方金额	贷方金额
1	12	(2)	大浦公司以其持有的 普通股股票抵偿逾期 贷款本息	交易性金融资产 投资收益 贷款损失准备 坏账准备 营业外支出——债务重组损失 　逾期贷款——大浦公司 　应收利息——大浦公司 　银行存款	240 000.00 960.00 9 600.00 420.00 480.00	 240 000.00 10 500.00 960.00
	18	(3)	安远公司以其持有的 普通股股票抵偿逾期 贷款本息	长期股权投资 贷款损失准备 坏账准备 　逾期贷款——安远股份有限公司 　应收利息——安远股份有限公司 　银行存款 　营业外收入——债务重组利得	289 955.20 11 200.00 600.00	 280 000.00 15 000.00 1 155.20 5 600.00
	25	(4)	金州公司以一座旧仓 库抵偿部分债务,另 减免其债务 6 000 元,其余债务推迟半 年归还	抵债资产 贷款损失准备 坏账准备 逾期贷款——债务重组 　逾期贷款——金州公司 　应收利息——金州公司 　营业外收入——债务重组利得	175 000.00 8 000.00 400.00 29 000.00	 200 000.00 10 000.00 2 400.00
1	31	(5)	广龙公司因发生财务 困难无法偿还逾期贷 款协议进行债务重组	逾期贷款——债务重组 贷款损失准备 坏账准备 营业外支出——债务重组损失 　逾期贷款——广龙公司 　应收利息——广龙公司	317 832.00 15 000.00 1 980.00 4 788.00	 300 000.00 39 600.00
2014年 1	31	(6)	广龙公司 2010 年起 有盈利,按协议清偿 贷款本息	吸收活期存款——广龙公司 　逾期贷款——债务重组 　营业外收入——债务重组利得 　[285 000×(6.6%-5.76%)×2]	322 620.00	 317 832.00 4 788.00
		(7)	若广龙公司仍无盈利, 按协议清偿贷款本息	吸收活期存款——广龙公司 　逾期贷款——债务重组	317 832.00	 317 832.00

计算广龙公司贷款及应收利息的账面余额与重组后债权的账面价值,以及它们之间的差额如下:

广龙公司贷款及应收利息的账面价值	322 620 元
其中:逾期贷款	300 000 元
应收利息	39 600 元
减:贷款损失准备	15 000 元
坏账准备	1 980 元
减:重组后债权的账面价值	317 832 元
其中:逾期贷款	285 000 元
应收利息(285 000×5.76‰×2)	32 832 元
差额	4 788 元

2. 根据中国银行市北支行经济业务编制会计分录如图表题解 4-6 所示。

图表题解 4-6

会 计 分 录

2013年 月	2013年 日	凭证 号数	摘　要	会 计 科 目	借方金额	贷方金额
12	21	1	大丰股份有限公司因发生财务困难无法偿还逾期贷款,按协议以一辆小汽车和普通股股票抵偿	抵债资产	100 000.00	
				交易性金融资产	150 000.00	
				投资收益	600.00	
				贷款损失准备	10 800.00	
				坏账准备	480.00	
				逾期贷款——债务重组	20 000.00	
				营业外支出——债务重组损失	720.00	
				逾期贷款——大丰股份有限公司		270 000.00
				应收利息——大丰股份有限公司		12 000.00
				银行存款		600.00

第五章　支付结算业务

判　断　题

一、是非题

1. 错　2. 对　3. 错　4. 错　5. 对　6. 错　7. 错　8. 对　9. 对　10. 错　11. 错　12. 错　13. 对　14. 对　15. 错

二、单项选择题

1. A　2. B　3. C　4. B　5. D　6. C

三、多项选择题

1. ABC　2. ABD　3. BCD　4. ABC　5. AB　6. ABD　7. ABCD　8. ACD　9. ACD

练习题一　练习支票和银行本票结算业务的核算

编制会计分录如图表题解 5-1 所示。

图表题解 5-1

会 计 分 录

2014年		凭证号数	摘　要	会　计　科　目	借方金额	贷方金额
月	日					
3	1	1	收到华兴公司进账单和泰富商场支票	吸收活期存款——泰富商场　吸收活期存款——华兴公司	75 000.00	75 000.00
	5	2	收到春江工厂进账单和亚东公司支票	存放中央银行款项　其他应付款	56 000.00	56 000.00
	6	3	春江工厂进账单入账	其他应付款　吸收活期存款——春江工厂	56 000.00	56 000.00
	8	4	提入开开公司支票入账	吸收活期存款——开开公司　存放中央银行款项	45 000.00	45 000.000

（续表）

2014年		凭证号数	摘　要	会　计　科　目	借方金额	贷方金额
月	日					
3	11	5	提入宏昌工厂支票，余额不足	其他应收款 　存放中央银行款项	36 000.00	36 000.00
	12	6	因账户余额不足退回支票	存放中央银行款项 　其他应收款	36 000.00	36 000.00
	15	7	应沪西工厂要求划出款项转账	吸收活期存款——沪西工厂 　存放中央银行款项	45 000.00	45 000.00
	18	8	收到划入春江工厂款项入账	存放中央银行款项 　吸收活期存款——春江工厂	30 000.00	30 000 00
	20	9	为新欣商厦签发本票	吸收活期存款——新欣商厦 　开出本票	25 000.00	25 000.00
	21	10	收到沪西工厂进账单和本行签发的本票	开出本票 　吸收活期存款——沪西工厂	25 000.00	25 000.00
	22	11	收到春江工厂进账单和他行签发的本票	存放中央银行款项 　吸收活期存款——春江工厂	48 000.00	48 000.00
	25	12	签发现金本票	吸收活期储蓄存款——范仁 　开出本票	50 000.00	50 000.00
	26	13	为光华公司签发本票	吸收活期存款——光华公司 　开出本票	42 000.00	42 000.00
	28	14	收回现金本票，支付现金	开出本票 　库存现金	50 000.00	50 000.00
	31	15	从他行提入本票	开出本票 　存放中央银行款项	42 000.00	42 000.00

练习题二　练习银行汇票结算业务的核算

编制会计分录如图表题解 5-2 所示。

图表题解 5-2

会 计 分 录

2014年 月	日	凭证号数	摘　要	会　计　科　目	借方金额	贷方金额
4	1	1	为春江工厂签发银行汇票	吸收活期存款——春江工厂 　汇出汇款——春江工厂	80 000.00	80 000.00
	5	2	将华兴公司交来的银行汇票入账	联行往账——嘉兴支行 　吸收活期存款——华兴公司	72 000.00	72 000.00
	10	3	春江工厂银行汇票核销转账	汇出汇款——春江工厂 　联行来账——长春支行	80 000.00	80 000.00
	15	4	将董华交来的现金银行汇票入账	联行往账——昆山支行 　应解汇款——董华	40 000.00	40 000.00
	16	5	董华支取汇票现金	应解汇款——董华 　库存现金	5 000.00	5 000.00
	18	6	以银行汇票款支付支票款项	应解汇款——董华 　存放中央银行款项	35 000.00	35 000.00
	22	7	为新欣商厦签发银行汇票	吸收活期存款——新欣商厦 　汇出汇款——新欣商厦	66 000.00	66 000.00
	30	8	新欣商厦银行汇票核销转账	汇出汇款——新欣商厦 　联行来账——青岛支行 　吸收活期存款——新欣商厦	66 000.00	63 500.00 2 500.00

练习题三　练习商业汇票结算业务的核算

编制会计分录如图表题解 5-3 所示。

图表题解 5-3

会 计 分 录

2014年 月	日	凭证号数	摘　要	会　计　科　目	借方金额	贷方金额
3	1	1	为开开公司收取商业承兑汇票款项	登记发出委托收款凭证登记簿		
	5	2	支付上海服装公司商业汇票款	吸收活期存款——上海服装公司 　联行往账——常熟支行	78 000.00	78 000.00

（续表）

2014年 月	日	凭证号数	摘　要	会　计　科　目	借方金额	贷方金额
3	8	3	开开公司收到商业承兑汇票款	联行来账——无锡支行　　吸收活期存款——开开公司	27 000.00	27 000.00
	10	4	退回开开公司托收的商业承兑汇票	销记发出委托收款凭证登记簿		
	12	5	签署汇票承兑协议，收取手续费	吸收活期存款——开开公司　　手续费及佣金收入	50.00	50.00
	15	6	签署汇票承兑协议，收取手续费	吸收活期存款——沪西工厂　　手续费及佣金收入	75.00	75.00
	20	7	为春江工厂收取银行承兑汇票款项	登记发出委托收款凭证登记簿		
	28	8	春江工厂收到银行承兑汇票款	联行来账——厦门支行　　吸收活期存款——春江工厂　　销记发出委托收款凭证登记簿	90 000.00	90 000.00
4	12	9	向开开公司收取银行承兑汇票到期款	吸收活期存款——开开公司　　应解汇款——开开公司	100 000.00	100 000.00
	14	10	支付到期银行承兑汇票款	应解汇款——开开公司　　联行往账——苏州支行	100 000.00	100 000.00
	15	11	向沪西工厂收取银行承兑汇票到期款	吸收活期存款——沪西工厂　　逾期贷款——沪西工厂　　应解汇款	70 000.00 80 000.00	150 000.00
	25	12	沪西工厂支付逾期未付银行承兑汇票本息	吸收活期存款——沪西工厂　　逾期贷款——沪西工厂　　利息收入	80 400.00	80 000.00 400.00
	26	13	支付沪西工厂银行承兑汇票款	应解汇款　　联行往账——大连支行	150 000.00	150 000.00

练习题四　练习信用卡结算业务的核算

编制会计分录如图表题解 5-4 所示。

图表题解 5-4

会 计 分 录

2014年 月	日	凭证号数	摘 要	会 计 科 目	借方金额	贷方金额
4	1	1	收到交存的信用卡备用金和手续费	吸收活期存款——华兴公司 　吸收信用卡存款——单位卡备用金 　手续费及佣金收入	50 020.00	 50 000.00 20.00
	5	2	收到交存的信用卡备用金和手续费	库存现金 　吸收信用卡存款——个人卡备用金 　手续费及佣金收入	8 020.00	 8 000.00 20.00
	10	3	新欣商厦交来持卡人购物消费的单据入账	吸收信用卡存款——单位卡备用金 吸收信用卡存款——个人卡备用金 　吸收活期存款——新欣商厦 　手续费及佣金收入	9 000.00 2 000.00	 10 901.00 99.00
	10	4	沪光公司交来持卡人购物的单据入账	存放中央银行款项 　吸收活期存款——沪光公司 　手续费及佣金收入	8 000.00	 7 928.00 72.00
	15	5	华兴公司交来异地持卡人购物的单据入账	联行往账——桂林支行 　手续费及佣金收入 　吸收活期存款——华兴公司	20 000.00	 180.00 19 820.00
	20	6-1	取现单提出进行票据交换	存放中央银行款项 　应解汇款	10 000.00	 10 000.00
	20	6-2	收到取现单,支付现金	应解汇款 　库存现金	10 000.00	 10 000.00
	25	7-1	取现单提出进行票据交换	联行往账——洛阳支行 　应解汇款	12 500.00	 12 500.00
	25	7-2	收到取现单,扣除手续费后支付现金	应解汇款 　库存现金 　手续费及佣金收入	12 500.00	 12 375.00 125.00
	30	8	收到提入计汇单、签购单及寄来联行报单和取现单	吸收信用卡存款——单位卡备用金 吸收信用卡存款——个人卡备用金 　存放中央银行款项 　联行来账——徐州支行	20 000.00 5 000.00	 20 000.00 5 000.00

练习题五　练习汇兑结算业务的核算

编制会计分录如图表题解 5-5 所示。

图表题解 5-5

会 计 分 录

2014年 月	日	凭证号数	摘　要	会 计 科 目	借方金额	贷方金额
4	1	1	为新欣商厦信汇款项	吸收活期存款——新欣商厦 　联行往账——开封支行	36 000.00	36 000.00
	8	2	为刘洋先生信汇现金	库存现金 　联行往账——常州支行	22 000.00	22 000.00
	15	3	将宏昌工厂信汇划入款入账	联行来账——湖州支行 　吸收活期存款——宏昌工厂	32 000.00	32 000.00
	18	4	收到收款人为王芳的现金信汇	联行来账——郑川支行 　应解汇款	18 000.00	18 000.00
	20	5	王芳提取汇款	应解汇款 　库存现金	18 000.00	18 000.00
	24	6	收到收款人为扬州日化厂周伟的电汇	联行来账——扬州支行 　应解汇款	90 000.00	90 000.00
	25	7	周伟从汇款中提取现金	应解汇款 　库存现金	5 000.00	5 000.00
	30	8	周伟将汇款支付沪西工厂货款	应解汇款 　吸收活期存款——沪西工厂	85 000.00	85 000.00

练习题六　练习托收承付和委托收款结算业务的核算

编制会计分录如图表题解 5-6 所示。

图表题解 5-6

会 计 分 录

2014年 月	日	凭证号数	摘　要	会 计 科 目	借方金额	贷方金额
7	1	1	开开公司办理托收承付	登记发出托收结算凭证登记簿		
	2	2	天河工厂、华安公司办理托收承付	登记发出托收结算凭证登记簿		

(续表)

2014年 月	2014年 日	凭证号数	摘　要	会 计 科 目	借方金额	贷方金额
7	3	3	为春江工厂收到托收承付凭证	登记定期代收结算凭证登记簿		
	4	4	为沪西工厂收到托收承付凭证	登记定期代收结算凭证登记簿		
	5	5	为开开公司收到托收承付凭证	登记定期代收结算凭证登记簿		
	7	6	春江工厂货款划转	吸收活期存款——春江工厂　　联行往账——太原支行　定期代收结算凭证登记簿填注转账日期	27 600.00	27 600.00
	8	7	沪西工厂无款支付托收承付款	定期代收结算凭证登记簿注明逾期付款		
	9	8	开开公司拒付部分货款并划转承付款	吸收活期存款——开开公司　　联行往账——广州支行　定期代收结算凭证登记簿注明部分拒付	54 000.00	54 000.00
	10	9	开开公司收到托收承付款	联行来账——桂林支行　　吸收活期存款——开开公司　销记发出托收结算凭证登记簿	48 000.00	48 000.00
	11	10	天河工厂收到部分托收款,其余拒付	联行来账——郑州支行　　吸收活期存款——天河工厂　销记发出托收结算凭证登记簿	60 000.00	60 000.00
	12	11	沪西工厂承付托收款及逾期利息	吸收活期存款——沪西工厂　　联行往账——大同支行　定期代收结算凭证登记簿填明转账日期	55 110.00	55 110.00
	14	12	收到杭州商厦逾期承付款及利息	联行来账——杭州支行　　吸收活期存款——华安公司　销记发出托收结算凭证登记簿	88 264.00	88 264.00
	16	13	东安公司商业承兑汇票委托收款	登记发出委托收款凭证登记簿		
	18	14	收到委托收款凭证	登记收到委托收款凭证登记簿		

（续表）

| 2014年 | | 凭证号数 | 摘　要 | 会 计 科 目 | 借方金额 | 贷方金额 |
月	日					
7	20	15	东安公司收到托收货款	联行来账——宁波支行 　吸收活期存款——东安公司 销记发出委托收款凭证登记簿	36 000.00	36 000.00
	22	16	浦江商厦支付货款	吸收活期存款——浦江商厦 　联行往账——太仓支行 收到委托收款凭证登记簿填明转 账日期	47 800.00	47 800.00
	24	17	收到未付款项通知书	销记发出委托收款凭证登记簿		
	26	18	收到委托收款凭证	登记收到委托收款凭证登记簿		
	30	19	新欣商厦拒付款项	销记收到委托收款凭证登记簿		

练习题七　练习支付结算业务收费和罚款的核算

编制会计分录如图表题解 5-7 所示。

图表题解 5-7

会 计 分 录

| 2014年 | | 凭证号数 | 摘　要 | 会 计 科 目 | 借方金额 | 贷方金额 |
月	日					
6	5	1	沪江工厂领用凭证	吸收活期存款——沪江工厂 　业务及管理费 　手续费及佣金收入	1 920.00	1 570.00 350.00
	15	2	光新公司空头支票罚款	吸收活期存款——光新公司 　营业外收入	1 250.00	1 250.00
	30	3	华兴公司领用凭证	吸收活期存款——华兴公司 　业务及管理费 　手续费及佣金收入	730.00	330.00 400.00

第六章　现金出纳业务

判　断　题

一、是非题

1. 对　2. 对　3. 错　4. 错　5. 对　6. 错　7. 错　8. 错

二、多项选择题

1. ACD　2. ABC　3. ABCD

练习题一　练习现金出纳业务的核算

编制会计分录如图表题解 6-1 所示。

图表题解 6-1

会 计 分 录

2014年 月	2014年 日	凭证号数	摘　要	会 计 科 目	借方金额	贷方金额
3	1	1	收到现金解款单	库存现金 　吸收活期存款——光明商厦	159 500.00	159 500.00
	10	2	支付客户发放工资的现金	吸收活期存款——华欣公司 　库存现金	78 400.00	78 400.00
	14	3	发生现金长款	库存现金 　待处理财产损溢——待处理出纳长款户	110.00	110.00
	15	4	退还华欣公司多解款,并将其长款作收益入账	待处理财产损溢——待处理出纳长款户 　库存现金 　营业外收入	110.00	100.00 10.00
	19	5	发生现金短款	待处理财产损溢——待处理出纳短款户 　库存现金	52.00	52.00
	20	6	收回多付武定工厂现金,其短款作损失入账	库存现金 营业外支出 　待处理财产损溢——待处理出纳短款户	50.00 2.00	52.00

（续表）

2014年		凭证号数	摘　要	会 计 科 目	借方金额	贷方金额
月	日					
3	24	7	将宽余现金调剂静安支行	分行辖内往来 　库存现金	270 000.00	270 000.00
	31	8	从徐汇支行调入现金	库存现金 　分行辖内往来	240 000.00	240 000.00

第七章　联行往来业务

判　断　题

一、是非题

1. 错　2. 错　3. 错　4. 错　5. 错　6. 对　7. 错　8. 错　9. 对

二、单项选择题

1. C　2. A　3. D　4. B　5. B

三、多项选择题

1. ABCD　2. ABD　3. ABC　4. AB

练习题一　练习全国联行往来业务的核算

编制会计分录如图表题解 7-1 所示。

图表题解 7-1

会 计 分 录

2014年 月	日	凭证号数	摘　要	会 计 科 目	借方金额	贷方金额
（略）		1	收到联行贷方报单及信汇凭证	联行来账　　吸收活期存款——华生公司	12 000.00	12 000.00
		2	银行汇票办理转账并划转款项	联行往账　　吸收活期存款——华生糖果厂	8 800.00	8 800.00
		3	贴现汇票到期办理托收	联行往账　　贴现资产——面值	40 000.00	40 000.00
		4	收到托收凭证及汇票办理付款	吸收活期存款——五华工厂　　联行往账	13 200.00	13 200.00
		5	收到联行报单及汇票办理转账	汇出汇款　　联行来账　　吸收活期存款——红花公司	10 000.00	7 920.00 2 080.00

练习题二　练习全国联行往来业务中不完整报单的处理

1. 填空

第 1 题：贷方　第 3 题：贷方

2. 编制会计分录

编制会计分录如图表题解 7-2 所示。

图表题解 7-2

会 计 分 录

2014年		凭证号数	摘　要	会 计 科 目	借方金额	贷方金额
月	日					
(略)		1	收到贷方报单业务内容有误,发报至苏州支行	联行来账——贵阳 　联行往账——苏州	6 700.00	6 700.00
		2	苏州支行办理转账	联行来账——上海 　吸收活期存款——苏伦纱厂	6 700.00	6 700.00
		3	收到借方报单行号有误	吸收活期存款——浦江公司 　联行往账——安徽	22 400.00	22 400.00
		4	安徽分行收到两份报单据以转账	联行来账——上海 　联行来账——安徽	22 400.00	22 400.00

练习题三　练习分行辖内往来的核算

编制会计分录如图表题解 7-3 所示。

图表题解 7-3

会 计 分 录

2014年		凭证号数	摘　要	会 计 科 目	借方金额	贷方金额
月	日					
(略)		1	接到信汇凭证填发报单划款	吸收活期存款——扬州机车厂 　联行往账——昆山支行	43 200.00	43 200.00
		2	昆山支行收到报单凭证办理转账	联行来账——扬州支行 　吸收活期存款——昆山汽车制造厂	43 200.00	43 200.00
		3	收到托收承付凭证填发报单付款	吸收活期存款——金盛超市 　联行往账——高邮支行	63 010.00	63 010.00

(续表)

2014年 月	日	凭证号数	摘　要	会　计　科　目	借方金额	贷方金额
(略)		4	收到邮划报单及汇票	汇出汇款——三星服装厂	26 000.00	
				联行来账——无锡支行		25 600.00
				吸收活期存款——三星服装厂		400.00

练习题四　练习联行汇差资金清算的核算

支行：联行往账、来账账户借方发生额合计＝136 000＋29 460＝165 460(元)

联行往账、来账账户贷方发生额合计＝76 900＋222 000＝298 900(元)

应付汇差＝298 900－165 460＝133 440(元)

分行：轧差资金＝100 600＋7 960－78 200－24 790＝5 570(元)

编制会计分录如图表题解 7-4 所示。

图表题解 7-4

会　计　分　录

2014年 月	日	凭证号数	摘　要	会　计　科　目	借方金额	贷方金额
(略)		1	计算联行汇差办理划拨	全国联行汇差——总行户	133 440.00	
				汇差资金划拨——全国联行汇差资金		133 440.00
		2	当日汇差资金办理划拨	汇差资金划拨——全国联行汇差资金	87 500.00	
				全国联行汇差——总行户		87 500.00
		3	分行汇差资金汇总轧差上划总行	汇差资金划拨——第二支行	100 600.00	
				汇差资金划拨——第三支行	7 960.00	
				汇差资金划拨——第一支行		78 200.00
				汇差资金划拨——第四支行		24 790.00
				汇差资金划拨——总行户		5 570.00
		4	总行收到划来汇差资金	汇差资金划拨——某分行	5 570.00	
				全国联行汇差——某分行		5 570.00

第八章　金融机构往来业务

判　断　题

一、是非题
1. 错　2. 对　3. 错　4. 对　5. 对　6. 对　7. 错　8. 错　9. 错　10. 错　11. 对

二、单项选择题
1. D　2. C　3. A　4. D

三、多项选择题
1. ABC　2. BCD　3. ABD　4. ABCD

练习题一　练习向中央银行缴存存款的核算

财政性存款：

$$1\ 070\ 000-930\ 000=140\ 000(元)$$

一般性存款：

$$(19\ 600\ 000-21\ 001\ 000)\times19\%=-266\ 190\approx-266\ 000(元)$$

中国工商银行的会计分录：

1. 借：缴存中央银行财政性存款　　　　　　　　　　140 000.00
      贷：存放中央银行款项　　　　　　　　　　　　140 000.00
2. 借：存放中央银行款项　　　　　　　　　　　　　266 000.00
      贷：缴存中央银行一般性存款　　　　　　　　　266 000.00

中国人民银行的会计分录：

1. 借：工商银行存款　　　　　　　　　　　　　　　140 000.00
      贷：工商银行缴来财政性存款　　　　　　　　　140 000.00
2. 借：工商银行缴来一般性存款　　　　　　　　　　266 000.00
      贷：工商银行存款　　　　　　　　　　　　　　266 000.00

练习题二　练习欠缴缴存存款的核算

中国农业银行的会计分录：

1-1. 借：存放中央银行款项 58 000.00
　　　贷：缴存中央银行财政性存款 58 000.00

1-2. 借：缴存中央银行一般性存款 178 000.00
　　　贷：存放中央银行款项 178 000.00

2-1. 借：缴存中央银行一般性存款 40 000.00
　　　贷：存放中央银行款项 40 000.00

2-2. 借：营业外支出 96.00
　　　贷：存放中央银行款项 96.00

中国人民银行的会计分录：

1-1. 借：农业银行缴来财政性存款 58 000.00
　　　贷：农业银行存款 58 000.00

1-2. 借：农业银行存款 178 000.00
　　　贷：农业银行缴来一般性存款 178 000.00

2-1. 借：农业银行存款 40 000.00
　　　贷：农业银行缴来一般性存款 40 000.00

2-2. 借：农业银行存款 96.00
　　　贷：营业外收入 96.00

练习题三　练习同城票据交换清算的核算

提出票据：

1-1. 借：清算资金往来——同城票据清单 320 060.00
　　　贷：吸收活期存款——各收款人户 320 060.00

1-2. 借：吸收活期存款——各付款人户 294 320.00
　　　贷：清算资金往来——同城票据清算 294 320.00

提回票据：

2-1. 借：吸收活期存款——各付款人户 76 280.00
　　　贷：清算资金往来——同城票据清算 76 280.00

2-2. 借：清算资金往来——同城票据清算 96 040.00
　　　贷：吸收活期存款——各收款人户 96 040.00

资金清算：

3. 借：存放中央银行款项   45 500.00

    贷：清算资金往来——同城票据清算   45 500.00

练习题四　练习向中央银行借款及转贴现的核算

编制会计分录如图表题解 8-1、图表题解 8-2 所示。

图表题解 8-1

会 计 分 录

中国工商银行

2014年 月	2014年 日	凭证号数	摘　要	会 计 科 目	借方金额	贷方金额
(略)		1	向中国人民银行借入贷款	存放中央银行款项 　向中央银行借款	1 500 000.00	1 500 000.00
		2	归还中国人民银行借款本息	向中央银行借款 金融企业往来支出——中央银行往来支出 　存放中央银行款项	2 000 000.00 36 000.00	2 036 000.00
		3	向中国人民银行办理转贴现	存放中央银行款项 金融企业往来支出——中央银行往来支出 　贴现负债	494 200.00 5 800.00	500 000.00
		4	转贴现票据到期	贴现负债 　存放中央银行款项	500 000.00	500 000.00

图表题解 8-2

会 计 分 录

中国人民银行

2014年 月	2014年 日	凭证号数	摘　要	会 计 科 目	借方金额	贷方金额
(略)		1	中国工商银行借入贷款	工商银行贷款 　工商银行存款	1 500 000.00	1 500 000.00
		2	中国工商银行归还借款本息	工商银行存款 　工商银行贷款 　利息收入——金融机构利息收入	2 036 000.00	2 000 000.00 36 000.00

（续表）

2014年		凭证号数	摘　要	会　计　科　目	借方金额	贷方金额
月	日					
（略）		3	为中国工商银行办理转贴现	贴现资产——工商银行	500 000.00	
				工商银行存款		494 200.00
				利息收入——再贴现利息收入		5 800.00
		4	转贴现票据到期	联行来账	500 000.00	
				贴现资产——工商银行		500 000.00

贴息＝500 000×29×4‰＝5 800.00(元)

练习题五　练习跨系统转汇和同业拆借的核算

1. 中国工商银行上海市第一支行及相关行处的会计分录。

（1）中国工商银行上海市第一支行：

借：吸收活期存款——祥龙公司　　　　　　　　　　　　　　80 000.00

　　贷：联行往账　　　　　　　　　　　　　　　　　　　　80 000.00

中国工商银行丹阳支行：

借：联行来账　　　　　　　　　　　　　　　　　　　　　　80 000.00

　　贷：同业存放——农行丹阳支行　　　　　　　　　　　　80 000.00

中国农业银行丹阳支行：

借：存放同业——工行丹阳支行　　　　　　　　　　　　　　80 000.00

　　贷：吸收活期存款　　　　　　　　　　　　　　　　　　80 000.00

（2）中国工商银行上海市第一支行：

借：吸收活期存款——吉祥公司　　　　　　　　　　　　　300 000.00

　　贷：资金清算往来——同城票据清算　　　　　　　　　300 000.00

中国银行上海分行：

借：资金清算往来——同城票据清算　　　　　　　　　　　300 000.00

　　贷：联行往账　　　　　　　　　　　　　　　　　　　300 000.00

中国银行广东第二支行：

借：联行来账　　　　　　　　　　　　　　　　　　　　　300 000.00

　　贷：吸收活期存款——广东祥云公司　　　　　　　　　300 000.00

2. 中国工商银行上海市分行营业部及相关银行的会计分录。

(1) 中国工商银行上海分行：

① 借：拆入资金——农行上海分行   1 000 000.00
  借：金融企业往来支出——拆借利息支出   20 000.00
   贷：存放中央银行款项   1 020 000.00
② 借：存放中央银行款项   500 000.00
   贷：拆入资金——建行上海分行   500 000.00

(2) 中国人民银行：

① 借：工商银行存款   1 020 000.00
   贷：农业银行存款   1 020 000.00
② 借：建设银行存款   500 000.00
   贷：工商银行存款   500 000.00

(3) 中国农业银行上海分行：

 借：存放中央银行款项   1 020 000.00
  贷：拆出资金——工行上海分行   1 000 000.00
  贷：金融企业往来收入——拆借利息收入   20 000.00

(4) 中国建设银行上海分行：

 借：拆出资金——工行上海分行   500 000.00
  贷：存放中央银行款项   500 000.00

第九章 外汇业务

判断题

一、是非题

1. 错 2. 对 3. 错 4. 对 5. 对 6. 错 7. 错 8. 错 9. 对 10. 错
11. 错 12. 错 13. 对 14. 对

二、单项选择题

1. A 2. D 3. C 4. C 5. A 6. C 7. C 8. B 9. A 10. D

三、多项选择题

1. BC 2. ABCD 3. ABC 4. ACD 5. ABC 6. ABC 7. ABD
8. ABCD 9. ABD 10. BC 11. ACD

练习题一 练习外汇交易业务的核算

编制会计分录如图表题解 9-1 所示。

图表题解 9-1

会 计 分 录

2014年 月	日	凭证号数	摘要	会 计 科 目	借方金额	贷方金额
(略)		(1)	欧元兑换人民币	库存现金——外币 　货币兑换 货币兑换 　库存现金——人民币	EUR 1 000.00 ¥ 8 245.20	 EUR 1 000.00 ¥ 8 245.20
		(2)	出国人员兑换英镑	库存现金——人民币 　货币兑换 货币兑换 　库存现金——外币	¥ 10 411.00 GBP 1 000.00	 ¥ 10 411.00 GBP 1 000.00

（续表）

2014年 月	日	凭证号数	摘　要	会　计　科　目	借方金额	贷方金额
（略）		（3）	美钞兑换人民币	库存现金——外币 　货币兑换 货币兑换 　库存现金——人民币	USD 1 500.00 ￥9 199.35	 USD 1 500.00 ￥9 199.35
		（4）	兑换美元现钞	库存现金——人民币 　货币兑换 货币兑换 　库存现金——外币	￥31 036.00 USD 5 000.00	 ￥31 036.00 USD 5 000.00
		（5）	欧元兑换美元存定期	库存现金——外币 　货币兑换 货币兑换 　货币兑换 货币兑换 　吸收定期储蓄存款——外币存款——现钞户	EUR 1 200.00 ￥9 894.24 USD 1 593.99	 EUR 1 200.00 ￥9 894.24 USD 1 593.99
		（6）	支取 1 600 美元的港币现钞	吸收活期储蓄存款——外币存款——现钞户 　货币兑换 货币兑换 　货币兑换 货币兑换 　库存现金——外币	USD 1 600.00 ￥9 812.64 HKD 12 261.20	 USD 1 600.00 ￥9 812.64 HKD 12 261.20

练习题二　练习外汇存款业务的核算

编制会计分录如图表题解 9-2 所示。

图表题解 9-2

会 计 分 录

2014年 月	日	凭证号数	摘　要	会　计　科　目	借方金额	贷方金额
（略）		（1）	持现钞存入外汇活期账户	库存现金——外币 　货币兑换 货币兑换 　货币兑换 货币兑换 　吸收活期存款——外币存款——服装进出口公司	HKD 10 000.00 ￥7 909.00 HKD 9 882.54	 HKD 10 000.00 ￥7 909.00 HKD 9 882.54

（续表）

2014年 月	日	凭证号数	摘　要	会　计　科　目	借方金额	贷方金额
（略）		(2)	收到汉姆公司出口货款	汇入汇款 　吸收活期存款——外币存款——汉姆公司	USD 21 800.00	USD 21 800.00
		(3)	从活期账户支取现金	吸收活期存款——外币存款——鞋帽进出口公司 　库存现金——外币	USD 8 000.00	USD 8 000.00
		(4)	华爱公司支付货款尾欠	吸收活期存款——外币存款——华爱公司 　汇出汇款——外币	HKD 1 800.00	HKD 1 800.00
		(5)	定期存款到期转存	吸收定期储蓄存款——外币存款——华为民 利息支出——外币利息 　吸收定期储蓄存款——外币存款——华为民	USD 10 000.00 USD 180.00	USD 10 180.00
		(6)	定期存款提现	吸收定期储蓄存款——外币存款——赵飞云 应付利息 利息支出——外币利息 　库存现金——外币	USD 8 000.00 USD 120.00 USD 25.33	USD 8 145.33
		(7)	计提外汇活期存款利息	利息支出——外币利息 　吸收活期存款——外币存款——张山	USD 2.98	USD 2.98
		(8)	持港元现钞套汇后存入美元现钞活期存款账户	库存现金——外币 　货币兑换 货币兑换 　货币兑换 货币兑换 　吸收活期存款——外币存款——李斯	HKD 20 000.00 ￥15 818.00 USD 2 548.33	HKD 20 000.00 ￥15 818.00 USD 2 548.33

练习题三　练习现汇贷款及进出口押汇的核算

编制会计分录如图表题解 9-3 所示。

图表题解 9-3

会　计　分　录

2014年 月	日	凭证号数	摘　要	会　计　科　目	借方金额	贷方金额
（略）		(1)	发放短期外汇贷款	短期贷款——外币贷款 　存放国外同业	USD30 000.00	USD 30 000.00

2014年		凭证号数	摘 要	会 计 科 目	借方金额	贷方金额
月	日					
（略）		（2）	归还短期外汇贷款本息	吸收活期存款——外币存款——粮油进出口公司	USD 52 400.00	
				短期贷款——外币贷款		USD 50 000.00
				应收利息		USD 1 800.00
				利息收入——外币利息（50 000×4.8%－1 800）		USD 600.00
		（3）	发放临时贷款	短期贷款——外币贷款——澳特公司	HKD 150 000.00	
				吸收活期存款——外币存款——澳特公司		HKD 150 000.00
		（4-1）	购汇	吸收活期存款——大境公司	￥251 081.24	
				货币兑换		￥251 081.24
		（4-2）	归还贷款本息	货币兑换	USD 40 450.00	
				短期贷款——外币贷款——大境公司		USD 40 000.00
				利息收入 $\left(40\,000×\dfrac{3}{12}×4.5\%\right)$		USD 450.00
		（5-1）	即期信用证押汇	进出口押汇——外币——新新公司	GBP 18 000.00	
				利息收入——外币利息——押汇利息收入		GBP 47.25
				货币兑换 $\left(18\,000×\dfrac{21}{360}×4.5\%\right)$		GBP 17 952.75
		（5-2）	押汇款结汇入账	货币兑换	￥185 416.00	
				吸收活期存款——新新公司		￥185 416.00
		（6）	收到新新公司出口货款	存放国外同业	GBP 18 200.00	
				进出口押汇——外币——新新公司		GBP 18 000.00
				手续费及佣金收入——国外银行费用收入		GBP 200.00
		（7）	信用证项下进口押汇	进出口押汇——外币——开乐公司	EUR 22 000.00	
				存放国外同业——外币		EUR 22 000.00
		（8-1）	开乐公司购汇	吸收活期存款——开乐公司	￥189 383.94	
				货币兑换		￥189 383.94
		（8-2）	偿还进口押汇本息	货币兑换	EUR 22 082.50	
				进出口押汇——外币——开乐公司		EUR 22 000.00
				利息收入——外币利息——押汇利息收入 $\left(22\,000×\dfrac{30}{360}×4.5\%\right)$		EUR 82.50

练习题四　练习信用证结算方式的核算

编制会计分录如图表题解 9-4 所示。

图表题解 9-4

会 计 分 录

2014年 月	日	凭证号数	摘　要	会 计 科 目	借(收)金额	贷(付)金额
4	1	(1)	收到即期信用证	国外开来保证凭信	HKD 90 000.00	
	15	(2)	议付信用证	应收即期信用证出口款项　　代收即期信用证出口款项	HKD 90 000.00	HKD 90 000.00
				国外开来保证凭信		HKD 90 000.00
	30	(3-1)	收妥出口信用证转账	代收即期信用证出口款项　　应收即期信用证出口款项	HKD 90 000.00	HKD 90 000.00
	30	(3-2)	收妥款项，支付议付手续费后结汇	港澳及国外联行往来　　手续费及佣金收入——议付手续费　　货币兑换　　货币兑换　　吸收活期存款——服装公司	HKD 90 000.00 ￥71 398.22	HKD 450.00 HKD 89 550.00 ￥71 398.22
5	3	(4)	收到即期信用证	国外开来保证凭信	EUR 90 000.00	
	8	(5)	通知信用证增额	国外开来保证凭信	EUR 10 000.00	
6	5	(6)	议付信用证	应收即期信用证出口款项　　代收即期信用证出口款项	EUR 100 000.00	EUR 100 000.00
				国外开来保证凭信		EUR 100 000.00
	16	(7-1)	收妥出口信用证转账	代收即期信用证出口款项　　应收即期信用证出口款项	EUR 100 000.00	EUR 100 000.00
		(7-2)	收妥外汇入账	存放国外同业　　手续费及佣金收入——议付手续费　　吸收活期存款——外币存款	EUR 100 000.00	EUR 300.00 EUR 99 700.00
	18	(8)	开出信用证	应收开出信用证款项——外币　　开出信用证——外币	USD 60 000.00	USD 60 000.00

2014年		凭证号数	摘　要	会 计 科 目	借(收)金额	贷(付)金额
月	日					
6	30	(9-1)	支付信用证款项转账	开出信用证——外币 　应收开出信用证款项——外币	USD 60 000.00	USD 60 000.00
		(9-2)	售汇	吸收活期存款——外币存款 　货币兑换	￥372 432.00	￥372 432.00
		(9-3)	付款	货币兑换 　港澳及国外联行往来	USD 60 000.00	USD 60 000.00
7	1	(10)	开出即远期信用证	应收开出信用证款项——外币 　开出信用证——外币	GBP 80 000.00	GBP 80 000.00
	15	(11-1)	即远期信用证款项转账	开出信用证——外币 　应收开出信用证款项——外币	GBP 80 000.00	GBP 80 000.00
		(11-2)	售汇	吸收活期存款——食品进出口公司 　货币兑换	￥520 550.00	￥520 550.00
		(11-3)	付款	货币兑换 　存放国外同业	GBP 50 000.00	GBP 50 000.00
	16	(12)	远期信用证办理承兑	应收承兑汇票款 　承兑汇票	GBP 30 000.00	GBP 30 000.00
8	15	(13-1)	远期信用证到期付款转账	承兑汇票 　应收承兑汇票款	GBP 30 000.00	GBP 30 000.00
		(13-2)	售汇	吸收活期存款——食品进出口公司 　货币兑换	￥312 330.00	￥312 330.00
		(13-3)	付款	货币兑换 　存放国外同业	GBP 30 000.00	GBP 30 000.00

练习题五　练习托收及汇款结算方式的核算

编制会计分录如图表题解 9-5 所示。

图表题解 9-5

会 计 分 录

2014年 月	日	凭证号数	摘 要	会 计 科 目	借方金额	贷方金额
1	5	(1)	办理托收	应收出口托收款项——外币 出口托收款项——外币	EUR 50 000.00	EUR 50 000.00
	25	(2-1)	收到货款	存放国外同业——外币 货币兑换	EUR 50 000.00	EUR 50 000.00
		(2-2)	办理结汇	货币兑换 吸收活期存款——五金公司	￥425 390.00	￥425 390.00
	25	(2-3)	转销应收出口托收款项	出口托收款项——外币 应收出口托收款项——外币	EUR 50 000.00	EUR 50 000.00
3	7	(3)	收到国外代收单据	应收进口代收款项——外币 进口代收款项——外币	USD 60 000.00	USD 60 000.00
	10	(4-1)	售汇	吸收活期存款——土产进出口公司 货币兑换	￥370 569.84	￥370 569.84
		(4-2)	付款	货币兑换 存放国外同业——外币	USD 59 700.00	USD 59 700.00
		(4-3)	转销应收进口代收款项	进口代收款项——外币 应收进口代收款项——外币	USD 60 000.00	USD 60 000.00
	15	(5)	汇出汇款	吸收活期存款——外币存款——机械进出口公司 汇出汇款——外币汇款	HKD 120 000.00	HKD 120 000.00
	22	(6)	收到解讫通知	汇出汇款——外币汇款 港澳及国外联行往来	HKD 120 000.00	HKD 120 000.00
4	2	(7-1)	售汇并收取汇费	吸收活期存款——纺织品公司 货币兑换 手续费及佣金收入——汇款手续费	￥18 807.82	￥18 621.60 ￥186.22
		(7-2)	汇付佣金	货币兑换 汇出汇款——外币汇款	USD 3 000.00	USD 3 000.00
	10	(8)	收到国外借记报单转账	汇出汇款——外币汇款 存放国外同业——外币	USD 3 000.00	USD 3 000.00

第十章　中央银行业务

判　断　题

一、是非题

1. 对　2. 错　3. 对　4. 错　5. 错　6. 错　7. 错　8. 对　9. 错

二、单项选择题

1. C　2. D　3. A　4. C

三、多项选择题

1. ABCD　2. ACD　3. AC　4. ABC　5. BCD

练习题一　练习发行基金保管和调拨的核算

编制本库、总库及相关发行库的会计分录如下：

1. 本库(上海分库)：

　　收：发行基金——本库户　　　　　　　　　　　　　　100 000.00

总库：

　　收：发行基金——总行上海重点库户　　　　　　　　　100 000.00
　　收：印制及销毁票币——1元币　　　　　　　　　　　100 000.00

2. 本库(上海分库)：

　　付：发行基金——本库户　　　　　　　　　　　　　　　　　　200 000.00

总库：

　　收：发行基金——总库户　　　　　　　　　　　　　200 000.00
　　付：发行基金——上海调出库　　　　　　　　　　　　　　　　200 000.00

3. 本库(上海分库)：

　　收：发行基金——本库户　　　　　　　　　　　　　　300 000.00

总库：

收：发行基金——上海调入库	300 000.00
付：发行基金——浙江调出库	300 000.00

调出库(浙江分库)：

付：发行基金——本库户	300 000.00

4. 本库(上海分库)：

收：发行基金——本库户	7 000 000.00

总库：

收：发行基金——总行上海重点库户	7 000 000.00
收：印制及销毁票币——100元券	5 000 000.00
收：印制及销毁票币——20元券	2 000 000.00

5. 本库(上海分库)：

付：发行基金——本库户	400 000.00

总库：

收：发行基金——江西调入库	400 000.00
付：发行基金——上海调出库	400 000.00

调入库(江西分库)：

收：发行基金——本库户	400 000.00

6. 本库(上海分库)：

收：发行基金——本库户	250 000.00

总库：

收：发行基金——上海调入库	250 000.00
付：发行基金——本库户	250 000.00

练习题二　练习货币发行、回笼及损伤票币销毁的核算

1. 编制有关货币发行、回笼业务的各级人民银行、发行库及商业银行的会计分录。

(1) 中国工商银行徐汇支行：

借：库存现金	150 000.00
贷：存放中央银行款项	150 000.00

中国人民银行徐汇支行：

    付：发行基金——本库户   150 000.00

借：库存现金   150 000.00

    贷：发行基金往来   150 000.00

借：工商银行存款   150 000.00

    贷：库存现金   150 000.00

（2）中国人民银行上海分库：

    付：发行基金——徐汇支库   150 000.00

（3）总库：

    付：发行基金——上海分库   150 000.00

借：发行基金往来   150 000.00

    贷：流通中货币   150 000.00

（4）中国农业银行上海分行：

借：存放中央银行款项   180 000.00

    贷：库存现金   180 000.00

中国人民银行上海分库：

收：发行基金——上海分库   180 000.00

借：库存现金   180 000.00

    贷：农业银行存款   180 000.00

借：发行基金往来   180 000.00

    贷：库存现金   180 000.00

（5）总库：

收：发行基金——上海分库   180 000.00

借：流通中货币   180 000.00

    贷：发行基金往来   180 000.00

2. 编制有关损伤票币销毁业务的会计分录。

（1）中国人民银行中心支库：

    付：发行基金——本库户   78 260.00

（2）分库：

    付：发行基金——中心支库   78 260.00

（3）总库：

付：发行基金——分库	78 260.00
付：印制及销毁货币	78 260.00

练习题三　练习预算收入收纳和报解的核算

1. 编制中国工商银行第一支行会计分录如图表题解 10-1 所示。

图表题解 10-1

会 计 分 录

2014年		凭证号数	摘　要	会　计　科　目	借方金额	贷方金额
月	日					
（略）	（略）	（1）	县化肥厂缴税	吸收活期存款——县化肥厂	16 500.00	
				待结算财政款项		16 500.00
		（2）	县电机厂缴税	吸收活期存款——县化肥厂	8 600.00	
				待结算财政款项		8 600.00
		（3）	收到预算收入甲种税	支行辖内往来	35 000.00	
				待结算财政款项		35 000.00
		（4）	将税收划缴支库	待结算财政款项	60 100.00	
				存放中央银行款项		60 100.00

2. 编制中国人民银行第二支行会计分录。

（1）收到中国工商银行一支行解来预算收入。

会计部门：

借：工商银行存款	60 100.00
贷：行库往来	60 100.00

国库部门：

借：行库往来	60 100.00
贷：待报解中央预算收入	47 000.00
贷：待报解中央和地方共享收入	10 500.00
贷：待报解地方预算收入	2 600.00

（2-1）报解中心支库中央预算收入和地方预算收入。

国库部门：

借：待报解中央预算收入	47 000.00
借：待报解地方预算收入	1 820.00
贷：行库往来	48 820.00

会计部门:

  借: 行库往来   48 820.00
    贷: 联行往账   48 820.00

(2-2) 报解县级预算收入。

国库部门:

  借: 待报解地方预算收入——县级   780.00
    贷: 地方财政库款   780.00

(2-3) 报解中央和地方共享收入。

国库部门:

  借: 待报解中央和地方共享收入   10 500.00
    贷: 行库往来   9 240.00
    贷: 地方财政库款   1 260.00

会计部门:

  借: 行库往来   9 240.00
    贷: 联行往账   9 240.00

3. 编制中国人民银行某分行会计分录。

(1) 收到中行第二支行上划的报解中央预算收入和地方预算收入。

会计部门:

  借: 联行来账   48 820.00
    贷: 行库往来   48 820.00

国库部门:

  借: 行库往来   48 820.00
    贷: 待报解中央预算收入   47 000.00
    贷: 待报解地方预算收入   1 820.00

(2-1) 报解中央、省级预算固定收入。

国库部门:

  借: 待报解中央预算收入   47 000.00
  借: 待报解地方预算收入   1 040.00
    贷: 行库往来   48 040.00

会计部门:

```
    借：行库往来                                      48 040.00
        贷：联行往账                                          48 040.00
```

（2-2）报解地级预算固定收入。

国库部门：

```
    借：待报解地方预算收入——地级                         780.00
        贷：地方财政库款                                       780.00
```

（2-3）报解中央与地方共享收入

国库部门：

```
    借：待报解中央和地方共享收入                        9 240.00
        贷：行库往来                                         7 392.00
        贷：地方财政库款                                     1 848.00
```

会计部门：

```
    借：行库往来                                       7 392.00
        贷：联行往账                                         7 392.00
```

练习题四　练习库款支拨的核算

编制会计分录如图表题解 10-2 所示。

图表题解 10-2

会 计 分 录

2014年		凭证号数	摘 要	会 计 科 目	借方金额	贷方金额
月	日					
（略）	（略）	1	总库拨付经费	中央预算支出	3 000 000.00	
				行库往来		3 000 000.00
		2	收到拨款转入中国工商银行	行库往来	3 000 000.00	
				工商银行存款		3 000 000.00
		3	将拨款转入存款账户	存放中央银行款项	3 000 000.00	
				吸收活期存款——A 大学		1 000 000.00
				吸收活期存款——B 大学		1 000 000.00
				吸收活期存款——C 大学		1 000 000.00

第十一章 固定资产、无形资产和长期待摊费用

判 断 题

一、是非题

1. 错 2. 对 3. 错 4. 对 5. 错 6. 对 7. 错 8. 对 9. 错 10. 错 11. 对

二、单项选择题

1. D 2. D 3. B

三、多项选择题

1. CD 2. BCD 3. AC 4. CD 5. ABC 6. BD

练习题一 练习固定资产取得的核算

中国银行郑州支行的分录如图表题解11-1所示。

图表题解11-1

会 计 分 录

2014年 月	2014年 日	凭证号数	摘 要	会 计 科 目	借方金额	贷方金额
3	1	1	购进复印机一台	固定资产 　　银行存款	11 950.00	11 950.00
	6	2	购置监控设备一套	工程物资 　　银行存款	35 520.00	35 520.00
	8	3	监控设备交付安装	在建工程——安装监控设备 　　工程物资	35 520.00	35 520.00
	15	4	支付监控设备的安装费	在建工程——安装监控设备 　　银行存款	1 500.00	1 500.00

(续表)

2014年 月	2014年 日	凭证号数	摘　要	会　计　科　目	借方金额	贷方金额
3	16	5	监控设备安装完毕,验收使用	固定资产 　在建工程——安装监控设备	37 020.00	37 020.00
	22	6	接受投资房屋一间	固定资产 　实收资本	300 000.00	300 000.00
	25	7	接受捐赠面包车一辆	固定资产——经营用固定资产 　营业外收入 　银行存款	91 500.00	90 000.00 1 500.00

练习题二　练习固定资产折旧的核算

1. 用年限平均法计算各项固定资产的应计折旧如图表题解11-2所示,并编制分录。

图表题解 11-2

固定资产折旧计算表

金额单位:元

固定资产名称	计量单位	数量	单位原价	预计使用寿命(年)	预计净残值率(%)	月折旧额
营业大厅	间	1	360 000	30	4	960.00
办公室	间	1	180 000	30	4	480.00
小汽车	辆	1	150 000	6	4	2 000.00
电脑	台	6	7 500	5	4	720.00
点钞机	台	4	3 600	5	4	230.40
监控设备	套	1	48 000	5	4	768.00
合　计	—	—	—	—	—	5 158.40

会计分录：

借：业务及管理费　　　　　　　　　　　　　　　　　　　　　　5 158.40

贷：累计折旧　　　　　　　　　　　　　　　　　　　　　　　　5 158.40

2. 用工作量法计提小汽车折旧。

$$每单位工作量折旧额 = \frac{150\,000 \times (1-4\%)}{300\,000} = 0.48(元/公里)$$

第1年应计折旧额＝0.48×52 000＝24 960(元)

第2年应计折旧额＝0.48×47 500＝22 800(元)

第3年应计折旧额＝0.48×51 800＝24 864(元)

第4年应计折旧额＝0.48×48 600＝23 328(元)

第5年应计折旧额＝0.48×52 500＝25 200(元)

第6年应计折旧额＝0.48×47 600＝22 848(元)

3. 对监控设备采用加速折旧法计提折旧。

(1) 对监控设备采用双倍余额递减法计提折旧如图表题解11-3所示。

$$双倍直线折旧率 = \frac{2}{5} \times 100\% = 40\%$$

图表题解 11-3

双倍余额递减法折旧计算表

金额单位：元

年 次	年初固定资产净值	双倍直线折旧率(%)	折旧额	累计折旧额	年末固定资产净值
1	48 000.00	40	19 200.00	19 200.00	28 800.00
2	28 800.00	40	11 520.00	30 720.00	17 280.00
3	17 280.00	40	6 912.00	37 632.00	10 368.00
4	10 368.00	—	4 224.00	41 856.00	6 144.00
5	6 144.00	—	4 224.00	46 080.00	1 920.00

(2) 对监控设备采用年数总和法计提折旧如图表题解11-4所示。

年数总和＝5＋4＋3＋2＋1＝15(年)

图表题解 11-4

年数总和法折旧计算表

金额单位：元

年　次	原价减预计净残值	尚可使用年数	折旧率	折旧额	累计折旧
1	46 080	5	5/15	15 360	15 360
2	46 080	4	4/15	12 288	27 648
3	46 080	3	3/15	9 216	36 864
4	46 080	2	2/15	6 144	43 008
5	46 080	1	1/15	3 072	46 080

练习题三　练习固定资产的减值、后续支出、处置和盘亏的核算

编制会计分录如图表题解 11-5 所示。

图表题解 11-5

会 计 分 录

2013年 月	日	凭证号数	摘　要	会 计 科 目	借方金额	贷方金额
9	1	1	结转扩建营业厅的账面价值	在建工程——扩建营业厅 累计折旧 　固定资产	280 000.00 120 000.00	 400 000.00
	28	2	支付扩建营业厅款	在建工程——扩建营业厅 　银行存款	180 000.00	 180 000.00
	29	3	营业厅扩建完毕予以转账	固定资产——经营用固定资产 　在建工程——扩建营业厅	460 000.00	 460 000.00
		4	支付中央空调修理费用	业务及管理费——修理费 　银行存款	15 000.00	 15 000.00
	30	5	计提小汽车减值准备	资产减值损失——固定资产减值损失 　固定资产减值准备	25 000.00	 25 000.00
10	8	6	经批准，决定出售不需用复印机予以转账	固定资产清理——出售复印机 累计折旧 固定资产减值准备 　固定资产	5 000.00 4 800.00 1 000.00	 10 800.00

（续表）

2013年		凭证号数	摘　要	会　计　科　目	借方金额	贷方金额
月	日					
10	10	7	出售收入存入本行存款户	银行存款 　固定资产清理——出售复印机	5 200.00	5 200.00
	12	8	将出售复印机净收益入账	固定资产清理——出售复印机 　营业外收入	200.00	200.00
	16	9	经批准报废清理办公室1间	固定资产清理——清理报废办公室 累计折旧 固定资产减值准备 　固定资产——经营用固定资产	8 000.00 240 000.00 2 000.00	250 000.00
	22	10	支付办公室处置费用	固定资产清理——清理报废办公室 　银行存款	6 000.00	6 000.00
	25	11	出售残料收入	银行存款 　固定资产清理——清理报废办公室	11 200.00	11 200.00
	26	12	办公室清理完毕转账	营业外支出 　固定资产清理——清理报废办公室	2 800.00	2 800.00
	28	13	盘亏旧点钞机，予以转账	待处理财产损溢——待处理固定资产损溢 累计折旧 固定资产减值准备 　固定资产	800.00 2 500.00 300.00	3 600.00
	31	14	盘亏点钞机核销转账	营业外支出——盘亏损失 　待处理财产损溢——待处理固定资产损溢	800.00	800.00

练习题四　练习无形资产和长期待摊费用的核算

编制会计分录如图表题解 11-6 所示。

图表题解 11-6

会　计　分　录

2014年		凭证号数	摘　要	会　计　科　目	借方金额	贷方金额
月	日					
2	28	1	分配管理专有技术开发人员在研究阶段工资并计提职工福利费	研发支出——费用化支出 　应付职工薪酬——工资 　应付职工薪酬——职工福利	5 130.00	4 500.00 630.00

（续表）

2014年		凭证号数	摘　要	会　计　科　目	借方金额	贷方金额
月	日					
2	28	2	结转研发支出	业务及管理费——研究费用	5 130.00	
				研发支出——费用化支出		5 130.00
3	2	3	购买开发用材料	研发支出——资本化支出	4 320.00	
				银行存款		4 320.00
	10	4	支付软件公司参与开发管理专有技术的费用	研发支出——资本化支出	28 800.00	
				银行存款		28 800.00
	31	5	分配管理专有技术人员在开发阶段的工资并计提职工福利费	研发支出——资本化支出	34 200.00	
				应付职工薪酬——工资		30 000.00
				应付职工薪酬——职工福利		4 200.00
4	2	6	管理专用技术项目开发成功结转其开发成本	无形资产——非专利技术	67 320.00	
				研发支出——资本化支出		67 320.00
	10	7	支付土地使用权购置及咨询费等	无形资产——土地使用权	450 000.00	
				银行存款		450 000.00
	12	8	出售专利权	银行存款	150 000.00	
				累计摊销	60 000.00	
				应交税费——应交营业税		7 500.00
				无形资产——专利权		180 000.00
				营业外收入——非流动资产处置利得		22 500.00
	15	9	收取管理专有技术出租的租金	银行存款	80 000.00	
				其他业务收入——租赁业务收入		80 000.00
	30	10	分配指导管理专有技术应用的人员工资并计提职工福利费	其他业务成本——租赁业务成本	3 990.00	
				应付职工薪酬——职工工资		3 500.00
				应付职工薪酬——职工福利		490.00
	30	11	摊销管理专有技术和土地使用权费用	业务及管理费——无形资产摊销	1 811.00	
				累计摊销		1 811.00
	30	12	支付改建费用	长期待摊费用——租入固定资产改良支出	120 000.00	
				银行存款		120 000.00
5	25	13	摊销本月改建支出	业务及管理费	1 000.00	
				长期待摊费用——租入固定资产改良支出		1 000.00
12	31	14	计提专利权减值准备	资产减值损失——无形资产减值损失	8 000.00	
				无形资产减值准备		8 000.00

第十二章 对外投资

判 断 题

一、是非题

1. 错　2. 错　3. 对　4. 错　5. 对　6. 错　7. 错　8. 对　9. 错　10. 对
11. 对　12. 错

二、单项选择题

1. D　2. D　3. B　4. A　5. C　6. A　7. C　8. B

三、多项选择题

1. ABD　2. ABC　3. ACD　4. AB　5. ACD　6. CD

练习题一　练习交易性金融资产的核算

编制会计分录如图表题解 12-1 所示。

图表题解 12-1

会 计 分 录

2014年 月	2014年 日	凭证号数	摘　要	会　计　科　目	借方金额	贷方金额
2	1	1	购进申江公司股票	交易性金融资产——成本——申江公司股票 投资收益 　银行存款	56 000.00 224.00	 56 224.00
	5	2	购进江浦公司股票	交易性金融资产——成本——江浦公司股票 应收股利——江浦公司 投资收益 　银行存款	73 350.00 1 650.00 300.00	 75 300.00
	11	3	收到江浦公司股票的现金股利	银行存款 　应收股利——江浦公司	1 650.00	 1 650.00
	18	4	收到申江公司股票的现金股利	银行存款 　投资收益	1 200.00	 1 200.00

(续表)

2014年 月	2014年 日	凭证号数	摘要	会计科目	借方金额	贷方金额
2	27	5	购进中信公司债券	交易性金融资产——成本——中信公司债券 应收利息 投资收益 　银行存款	100 000.00 8 000.00 108.00	108 108.00
	28	6	收到中信公司债券利息	银行存款 　应收利息	8 000.00	8 000.00
	28	7-1	申江公司股票公允价值变动，予以转账	交易性金融资产——公允价值变动——申江公司股票 　公允价值变动损益——交易性金融资产	500.00	500.00
	28	7-2	江浦公司股票公允价值变动予以转账	交易性金融资产——公允价值变动——江浦公司股票 　公允价值变动损益——交易性金融资产	3 150.00	3 150.00
	28	7-3	中信公司债券公允价值变动予以转账	交易性金融资产——公允价值变动——中信公司债券 　公允价值变动损益——交易性金融资产	10.00	10.00
	28	8	将公允价值变动损益结转"本年利润"	公允价值变动损益 　本年利润	3 660.00	3 660.00
3	15	9	出售申江公司股票	银行存款 　交易性金融资产——成本——申江公司股票 　交易性金融资产——公允价值变动——申江公司股票 　投资收益	57 768.00	56 000.00 500.00 1 268.00
	30	10	出售中信公司债券	银行存款 　交易性金融资产——成本—中信公司债券 　交易性金融资产——公允价值变动——中信公司债券 　投资收益	100 399.50	100 000.00 10.00 389.50

练习题二　练习持有至到期投资的核算

1. 编制会计分录如图表题解 12-2 所示。

图表题解 12-2

会 计 分 录

2013年 月	日	凭证号数	摘 要	会 计 科 目	借方金额	贷方金额
3	31	(1)	购进沪江公司债券	持有至到期投资——成本——沪江公司债券 银行存款	84 084.00	84 084.00
	31	(2)	购进银河公司债券	持有至到期投资——成本——银河公司债券 持有至到期投资——利息调整——银河公司债券 银行存款	120 123.97 3 970.80	124 094.77
	31	(3)	购进天宝公司债券	持有至到期投资——成本——天宝公司债券 持有至到期投资——利息调整——天宝公司债券 银行存款	90 088.39	1 608.30 88 480.09
4	30	(4-1)	预计本月份沪江公司债券应收利息入账	持有至到期投资——应计利息——沪江公司债券 投资收益	560.00	560.00
	30	(4-2)	预计本月份银河公司债券应收利息入账	应收利息——银河公司 持有至到期投资——利息调整——银河公司债券 投资收益	900.00	82.73 817.27
	30	(4-3)	预计本月份天宝公司债券应收利息入账	应收利息——天宝公司 持有至到期投资——利息调整——天宝公司债券 投资收益	525.00 67.01	592.01
5	30	(5)	决定将持有的沪江公司债券重分类为可供出售金融资产予以转账	可供出售金融资产——成本——沪江公司债券 持有至到期投资——成本——沪江公司债券 持有至到期投资——应计利息——沪江公司债券 资本公积——其他资本公积	85 092.00	84 084.00 560.00 448.00
2014年 3	31	(1)	收到银河公司付来去年发行的债券利息	银行存款 应收利息——银河公司 持有至到期投资——利息调整——银河公司债券 投资收益	10 800.00	9 900.00 82.73 817.27
		(2)	收到天宝公司付来去年发行的债券利息	银行存款 持有至到期投资——利息调整——天宝公司债券 应收利息——天宝公司 投资收益	6 300.00 67.01	5 775.00 592.01

（续表）

2014年		凭证号数	摘　要	会　计　科　目	借方金额	贷方金额
月	日					
4	25	(3)	出售天宝公司发行的债券	银行存款	89 550.36	
				持有至到期投资——利息调整——天宝公司债券	804.15	
				持有至到期投资——成本——天宝公司债券		90 088.39
				投资收益		266.12
	30	(4)	计提持有银河公司债券减值准备	资产减值损失——持有至到期投资减值损失	973.09	
				持有至到期投资减值准备——银河公司债券		973.09
5	15	(5)	出售银河公司发行的债券	银行存款	121 786.09	
				持有至到期投资减值准备——银河公司债券	1 303.99	
				投资收益	11.99	
				持有至到期投资——成本——银河公司债券		120 123.97
				持有至到期投资——利息调整——银河公司债券		2 978.10

2. 用实际利率法计算利息调整各年的摊销额如图表题解 12-3、图表题解 12-4 所示。

图表题解 12-3

实际利率法利息调整额计算表（借方余额）

单位：元

付息期数	应计利息收入	实际利息收入	本期利息调整额	利息调整借方余额	债券账面价值（不含交易费用）
(1)	(2)＝面值×票面利率	(3)＝上期(6)×实际利率	(4)＝(2)－(3)	(5)＝上期利息调整余额－(4)	(6)＝面值＋(5)
购进时				3 970.80	123 970.80
1	10 800	9 917.66	882.34	3 088.46	123 088.46
2	10 800	9 847.08	952.92	2 135.54	122 135.54
3	10 800	9 770.84	1 029.16	1 106.38	121 106.38
4	10 800	9 693.62	1 106.38	0	120 000.00

图表题解 12-4

实际利率法利息调整额计算表(贷方余额)

单位:元

付息期数	应计利息收入	实际利息收入	本期利息调整额	利息调整贷方余额	债券账面价值(不含交易费用)
(1)	(2)=面值×票面利率	(3)=上期(6)×实际利率	(4)=(3)-(2)	(5)=上期利息调整余额-(4)	(6)=面值-(5)
购进时				1 608.30	88 391.70
1	6 300	7 071.34	771.34	836.96	89 163.04
2	6 300	7 136.96	836.96	0	90 000.00

练习题三 练习可供出售金额资产的核算

编制会计分录如图表题解 12-5 所示。

图表题解 12-5

会 计 分 录

2014年 月	日	凭证号数	摘 要	会 计 科 目	借方金额	贷方金额
4	5	1	购进华源公司股票	可供出售金融资产——成本——华源公司股票 　银行存款	150 600.00	150 600.00
	10	2	购进天平公司股票	可供出售金融资产——成本——天平公司股票 应收股利 　银行存款	155 440.00 5 200.00	160 640.00
	20	3	收到天平公司发放现金股利	银行存款 　应收股利	5 200.00	5 200.00
	25	4	收到华源公司发放现金股利	银行存款 　投资收益	3 000.00	3 000.00
	30	5	购进中信公司按面值发行的债券	可供出售金融资产——成本——中信公司债券 　银行存款	150 150.00	150 150.00
	30	6-1	调整华源公司股票的账面价值	可供出售金融资产——公允价值变动——华源公司股票 　资本公积——其他资本公积	4 400.00	4 400.00

（续表）

2014年		凭证号数	摘　要	会 计 科 目	借方金额	贷方金额
月	日					
4	30	6-2	调整天平公司股票的账面价值	可供出售金融资产——公允价值变动——天平公司股票	2 560.00	
				资本公积——其他资本公积		2 560.00
5	25	7-1	出售华源公司股票	银行存款	161 850.00	
				可供出售金融资产——成本——华源公司股票		150 600.00
				可供出售金融资产——公允价值变动——华源公司股票		4 400.00
				投资收益		6 850.00
	25	7-2	转销列入资本公积的余额	资本公积——其他资本公积	4 400.00	
				投资收益		4 400.00
	31	8	天平公司因发生严重财务困难，计提其减值准备	资产减值损失——可供出售金融资产损失	11 020.00	
				资本公积——其他资本公积	2 560.00	
				可供出售金融资产——公允价值变动——天平公司股票		13 580.00

练习题四　练习长期股权投资的核算

1. 编制工商银行广州支行的会计分录如图表题解 12-6 所示。

图表题解 12-6

会 计 分 录

2013年		凭证号数	摘　要	会 计 科 目	借方金额	贷方金额
月	日					
3	31	(1)	购进非上市的安昌股份公司股票	长期股权投资——成本——安昌公司股票	753 000.00	
				银行存款		753 000.00
2014年		(2)	安昌股份公司宣告发放现金股利	应收股利——安昌公司	24 000.00	
2	1			投资收益		24 000.00
	28	(3)	安昌股份有限公司发生严重财务困难计提其减值准备	资产减值损失——长期股权投资减值损失	79 200.00	
				长期股权投资减值准备		79 200.00

2. 编制建设银行关中支行会计分录如图表题解 12-7 所示。

图表题解 12-7

会 计 分 录

2013年 月	日	凭证号数	摘　要	会 计 科 目	借方金额	贷方金额
1	2	(1)	购入东川公司40%股权	长期股权投资——成本 抵债资产 银行存款	1 960 000.00	 1 210 000.00 750 000.00
	3	(2)	按东川公司可辨认净资产公允价值调整长期股权投资	长期股权投资——成本 营业外收入	40 000.00	 40 000.00
12	31	(3)	按东川公司实现的净利润调整长期股权投资	长期股权投资——损益调整 投资收益	240 000.00	 240 000.00
		(4)	东川公司因资本溢价确认应享有的份额入账	长期股权投资——其他权益变动 资本公积——其他资本公积	20 000.00	 20 000.00
2014年 3	20	(5)	东川公司宣告按净利润60%分配利润	应收股利 长期股权投资——损益调整	144 000.00	 144 000.00
	30	(6)	收到东川公司分配来的利润	银行存款 应收股利	144 000.00	 144 000.00
9	30	(7)	出售持有东川公司10%的股权	银行存款 长期股权投资——成本 长期股权投资——损益调整 长期股权投资——其他权益变动 投资收益	616 900.00	 500 000.00 24 000.00 5 000.00 87 900.00

第十三章 所 有 者 权 益

判 断 题

一、是非题

1. 对 2. 对 3. 错 4. 错 5. 错 6. 错 7. 错 8. 对 9. 对 10. 错
11. 对

二、单项选择题

1. C 2. D 3. C 4. B 5. C

三、多项选择题

1. ABCD 2. ABD 3. AC 4. CD 5. AB 6. ABC

练习题一 练习投资者投入资本的核算

1. 编制华美银行的会计分录如图表题解 13-1 所示。

图表题解 13-1

会 计 分 录

2013年 月	日	凭证号数	摘 要	会 计 科 目	借方金额	贷方金额
1	5	(1)	投入房屋一幢	固定资产 　实收资本——黄海银行	50 000 000.00	50 000 000.00
	6	(2)	收到转账支票	银行存款 　实收资本——黄海银行	209 500 000.00	209 500 000.00
	10	(3)	收到美国大通银行汇入美元	银行存款——美元户(24 200 000×620) 　实收资本——美国大通银行	150 040 000.00	150 040 000.00
	12	(4)	收到大通银行投入专有技术	无形资产 　实收资本——黄海银行	460 000.00	460 000.00

2. 编制华美银行会计分录如图表题解 13-2 所示。

图表题解 13-2

会 计 分 录

2014年		凭证号数	摘 要	会 计 科 目	借方金额	贷方金额
月	日					
1	10	(1)	收到黄海银行投入资金	银行存款 　实收资本——黄海银行 　资本公积——资本溢价	56 188 000.00	 51 080 000.00 5 108 000.00
	15	(2)	收到美国大通银行汇入美元	银行存款——美元户(6 950 000×6.16) 　实收资本——大通银行 　资本公积——资本溢价	42 812 000.00	 38 920 000.00 3 892 000.00

3. 编制中海发展银行股份有限公司会计分录如图表题解 13-3 所示。

图表题解 13-3

会 计 分 录

2014年		凭证号数	摘 要	会 计 科 目	借方金额	贷方金额
月	日					
1	10	(略)	增发普通股	银行存款 　股本——普通股 　资本公积——股票溢价	24 800 000.00	 5 000 000.00 19 800 000.00

练习题二　练习库存股的核算

1. 编制南方发展银行股份有限公司会计分录如图表题解 13-4 所示。

图表题解 13-4

会 计 分 录

2013年		凭证号数	摘 要	会 计 科 目	借方金额	贷方金额
月	日					
1	31	(1)	根据本月经营情况将本月职工提供服务应奖励金额计入费用	业务及管理费 　资本公积——其他资本公积	25 000.00	 25 000.00
3	28	(2)	购进本行普通股股票	库存股 　银行存款	297 184.00	 297 184.00
2014年		(3)	予以行权将股票奖励给职工	资本公积——其他资本公积 　库存股 　资本公积——股本溢价	300 000.00	 297 184.00 2 816.00
1	25					

2. 编制安泰银行股份有限公司会计分录如图表题解 13-5 所示。

图表题解 13-5

会 计 分 录

2014年 月	日	凭证号数	摘 要	会 计 科 目	借方金额	贷方金额
1	15	(1)	购进本行普通股股票	库存股 银行存款	903 600.00	903 600.00
	20	(2)	购进本行普通股股票	库存股 银行存款	612 440.00	612 440.00
	22	(3)	将收购本行普通股股票予以注销以减少注册资本	股本 资本公积——股本溢价 盈余公积 库存股	250 000.00 1 265 500.00 540.00	1 516 040.00

练习题三　练习资本公积和盈余公积的核算

编制会计分录如图表题解 13-6 所示。

图表题解 13-6

会 计 分 录

2013年 月	日	凭证号数	摘 要	会 计 科 目	借方金额	贷方金额
12	1	1	收到大洋银行出资的支票	银行存款 实收资本 资本公积——资本溢价	66 132 000.00	55 110 000.00 11 022 000.00
	2	2	收到外商飞浦公司汇入美元	银行存款——美元户(12 600 000×6.18) 实收资本 资本公积——资本溢价	77 868 000.00	64 890 000.00 12 978 000.00
	31	3	本行持有卢海公司40%股权,所有者权益增加50 000元予以转账	长期股权投资——其他权益变动 资本公积——其他资本公积	20 000.00	20 000.00
		4	本行持有昌明公司股票因公允价值变动予以转账	可供出售金融资产——公允价值变动——昌明公司股票 资本公积——其他资本公积	3 200.00	3 200.00

（续表）

2013年		凭证号数	摘　要	会　计　科　目	借方金额	贷方金额
月	日					
12	31	5	现决定将持有至到期债券重分类为可供出售金融资产	可供出售金融资产——成本——太行公司债券	108 800.00	
				持有至到期投资——成本——太行公司债券		100 100.00
				持有至到期投资——应计利息——太行公司债券		8 000.00
				资本公积——其他资本公积		700.00
		6	按净利润提取法定盈余公积和任意盈余公积	利润分配——提取盈余公积	96 000.00	
				盈余公积——法定盈余公积		60 000.00
				盈余公积——任意盈余公积		36 000.00
		7	经批准将资本公积、法定盈余公积转增资本	资本公积	200 000.00	
				盈余公积——法定盈余公积	250 000.00	
				实收资本		450 000.00

第十四章　收入、成本、费用、税金和利润

判　断　题

一、是非题

1. 对　2. 错　3. 错　4. 错　5. 对　6. 对　7. 错　8. 对　9. 错　10. 错　11. 对　12. 错　13. 对　14. 错　15. 对　16. 错

二、单项选择题

1. B　2. B　3. D　4. D

三、多项选择题

1. ABC　2. AD　3. BD　4. BCD　5. ABCD　6. ABD　7. AD

练习题一　练习收入的核算

编制会计分录如图表题解 14-1 所示。

图表题解 14-1

会 计 分 录

2013年 月	日	凭证 号数	摘　要	会 计 科 目	借方金额	贷方金额
12	20	1	收取本季度的贷款利息	吸收活期存款——天元商厦 吸收活期存款——石化工厂 吸收活期存款——武定公司 　利息收入	3 363.30 6 931.97 9 557.97	 19 853.24
		2	计提个人小额贷款利息	应收利息——张元 应收利息——李忠 　利息收入	454.50 378.75	 833.25
		3	将逾期贷款未收到的利息转账	利息收入 　应收利息——桥东工厂	1 080.00	 1 080.00

2013年		凭证号数	摘 要	会 计 科 目	借方金额	贷方金额
月	日					
12	22	4	收到商业承兑汇票予以贴现	贴现资产——面值	96 000.00	
				吸收活期存款——泰南工厂		94 156.80
				贴现资产——利息调整		1 843.20
		5	收到银行系统划付的利息	存放中央银行款项	6 000.00	
				存放同业	1 800.00	
				联行来账	2 100.00	
				分行辖内往来	1 950.00	
				金融企业往来收入		11 850.00
	24	6	收取转账手续费	吸收活期存款——天元商厦	360.00	
				吸收活期存款——石化工厂	400.00	
				吸收活期存款——武定公司	600.00	
				手续费及佣金收入		1 360.00
		7	向武定公司收取结汇手续费	吸收活期存款——武定公司	750.00	
				手续费及佣金收入		750.00
	25	8	代汽车公司收到委托贷款利息	吸收活期存款	12 000.00	
				其他应付款——代收贷款利息		12 000.00
		9	按委托贷款利息的20%收取手续费	其他应付款——代收贷款利息	2 400.00	
				手续费及佣金收入		2 400.00
	30	10	收取出租管理专有技术收入和咨询费收入	吸收活期存款——天龙公司	27 000.00	
				吸收活期存款——武定公司	1 200.00	
				其他业务收入——租赁业务收入		27 000.00
				其他业务收入——咨询服务收入		1 200.00
		11	收取空头支票罚款	吸收活期存款——石化工厂	1 900.00	
				营业外收入		1 900.00
	31	12	结转"货币兑换"账户	货币兑换	720.00	
				汇兑损益		720.00
		13	持有交易性金融资产公允价值变动收益入账	交易性金融资产——公允价值变动	560.00	
				公允价值变动损益——交易性金融资产		560.00
		14	各收入类账户结转本年利润	利息收入	19 606.49	
				金融企业往来收入	11 850.00	
				手续费及佣金收入	4 510.00	
				其他业务收入	28 200.00	
				营业外收入	1 900.00	
				汇兑损益	720.00	
				公允价值变动损益	560.00	
				本年利润		67 346.49

练习题二　练习营业成本的核算

编制会计分录如图表题解 14-2 所示。

图表题解 14-2

会 计 分 录

2014年		凭证号数	摘　要	会 计 科 目	借方金额	贷方金额
月	日					
6	20	1	计付本季度企业活期存款利息	利息支出	851.80	
				吸收活期存款——新欣商厦		217.80
				吸收活期存款——南方工厂		271.60
				吸收活期存款——复兴公司		362.40
		2	预提企业本季度定期存款利息	利息支出	6 390.00	
				应付利息——1年期定期存款利息		6 390.00
		3	预提本季度定期储蓄存款利息	利息支出	6 581.25	
				应付利息——1年期整存整取储蓄存款利息		3 420.00
				应付利息——3年期整存整取储蓄存款利息		3 161.25
	22	4	划付银行系统的利息	金融企业往来支出	10 680.00	
				存放中央银行款项		6 600.00
				存放同业		1 350.00
				联行往账		1 110.00
				分行辖内往来		1 620.00
	30	5	提取应付储户活期储蓄存款利息	利息支出	291.00	
				吸收活期储蓄存款——任萍		108.00
				吸收活期储蓄存款——杜华		96.00
				吸收活期储蓄存款——林峰		87.00
		6	支付代办储蓄手续费	手续费及佣金支出	10 800.00	
				吸收活期存款——南昌路储蓄所		10 800.00
		7	结转"货币兑换"账户	汇兑损益	108.00	
				货币兑换		108.00
		8	分配出租管理专有技术服务人员工资，计提职工福利费	其他业务成本——租赁业务成本	4 104.00	
				应付职工薪酬——职工工资		3 600.00
				应付职工薪酬——职工福利		504.00
		9	各费用类账户结转本年利润	本年利润	39 806.05	
				利息支出		14 114.05
				金融企业往来支出		10 680.00
				手续费及佣金支出		10 800.00
				汇兑损益		108.00
				其他业务成本		4 104.00

练习题三 练习业务及管理费和营业外支出的核算

编制会计分录如图表题解 14-3 所示。

图表题解 14-3

会 计 分 录

2014年 月	日	凭证 号数	摘 要	会 计 科 目	借方金额	贷方金额
1	2	1	支付业务交际费用	业务及管理费——业务招待费	560.00	
				库存现金		560.00
	4	2	支付本月房屋租赁费	业务及管理费——租赁费	3 200.00	
				银行存款		3 200.00
	10	3	支付财产保险费	业务及管理费——企业财产保险费	5 500.00	
				银行存款		5 500.00
	15	4	提取现金备发工资	库存现金	115 400.00	
				银行存款		115 400.00
		5	发放职工工资	应付职工薪酬——职工工资	141 200.00	
				库存现金		115 400.00
				其他应付款——住房公积金		9 884.00
				其他应付款——养老保险费		11 296.00
				其他应付款——医疗保险费		2 824.00
				其他应付款——失业保险费		1 412.00
				应交税费——应交个人所得税		384.00
	18	6	支付广告费	业务及管理费——广告费	3 000.00	
				银行存款		3 000.00
	22	7	支付本月电话费	业务及管理费——邮电费	910.00	
				银行存款		910.00
	25	8	支付本月电费	业务及管理费——水电燃气费	560.00	
				银行存款		560.00
	28	9	计提固定资产折旧费	业务及管理费——固定资产折旧	3 120.00	
				累计折旧		3 120.00
	31	10	分配本月职工工资	业务及管理费——职工工资	141 200.00	
				应付职工薪酬——职工工资		141 200.00

（续表）

2014年 月	日	凭证号数	摘　要	会　计　科　目	借方金额	贷方金额
1	31	11	计提职工福利费、工会经费和职工教育经费	业务及管理费——职工福利费	19 768.00	
				业务及管理费——工会经费	2 824.00	
				业务及管理费——职工教育经费	2 118.00	
				应付职工薪酬——职工福利		19 768.00
				应付职工薪酬——工会经费		2 824.00
				应付职工薪酬——职工教育经费		2 118.00
		12	计提医疗保险费	应付职工薪酬——职工福利	16 944.00	
				应付职工薪酬——社会保险费		16 944.00
		13	计提养老保险费、失业保险费和住房公积金	业务及管理费——社会保险费	7 060.00	
				业务及管理费——住房公积金	9 884.00	
				应付职工薪酬——社会保险费		7 060.00
				应付职工薪酬——住房公积金		9 884.00
		14	缴纳医疗保险费、养老保险费、失业保险费和住房公积金	应付职工薪酬——社会保险费	24 004.00	
				应付职工薪酬——住房公积金	9 884.00	
				其他应付款——住房公积金	9 884.00	
				其他应付款——养老保险费	11 296.00	
				其他应付款——医疗保险费	2 824.00	
				其他应付款——失业保险费	1 412.00	
				银行存款		59 304.00
		15	涉及诉讼案估计赔偿金额	营业外支出——其他支出	135 000.00	
				预计负债——未决诉讼		135 000.00
2	20	16-1	支付诉讼费	业务及管理费——诉讼费	17 100.00	
				银行存款		17 100.00
		16-2	将应付赔偿款入账	预计负债——未决诉讼	135 000.00	
				其他应付款		132 000.00
				营业外支出——其他支出		3 000.00

练习题四　练习税金和利润的核算

1. 编制中国工商银行静安支行的会计分录如图表题解 14-4 所示。

图表题解 14-4

会 计 分 录

2013年		凭证号数	摘 要	会 计 科 目	借方金额	贷方金额
月	日					
12	31	(1)	计提营业税和城市维护建设税	营业税金及附加	20 148.10	
				应交税费——应交营业税		18 830.00
				应交税费——应交城市维护建设税		1 318.10
		(2)	提取本月的教育费附加	营业税金及附加	564.90	
				应交税费——教育费附加		564.90
		(3)	将损益类贷方余额账户结转"本年利润"账户	利息收入	360 000.00	
				金融企业往来收入	39 000.00	
				手续费及佣金收入	14 100.00	
				其他业务收入	2 500.00	
				汇兑损益	500.00	
				投资收益	1 000.00	
				公允价值变动损益	400.00	
				营业外收入	400.00	
				本年利润		417 900.00
		(4)	将损益类借方余额账户结转"本年利润"账户	本年利润	335 313.00	
				利息支出		160 000.00
				金融企业往来支出		32 000.00
				手续费及佣金支出		4 500.00
				其他业务成本		1 000.00
				营业税金及附加		20 713.00
				业务及管理费		116 600.00
				营业外支出		500.00

2. 确认中国工商银行宁波支行的所得税费用,并编制相应的会计分录。

第 1 年:

$$本期所得税额 = (850\ 000 + 12\ 000 + 32\ 500 \times 40\% - 12\ 000 + 13\ 500 + 2\ 100 + 88\ 000 - 102\ 000) \times 25\% = 216\ 150(元)$$

$$递延所得税负债 = 102\ 000 \times 25\% = 25\ 500(元)$$

$$递延所得税资产 = (13\ 500 + 2\ 100 + 88\ 000) \times 25\% = 25\ 900(元)$$

$$所得税费用 = 216\ 150 + 25\ 500 - 25\ 900 = 215\ 750(元)$$

(1) 根据计算的结果,确认本年度所得税费用,作分录如下:

借:所得税费用		215 750.00
借:递延所得税资产		25 900.00
贷:应交税费——应交所得税		216 150.00
贷:递延所得税负债		25 500.00

（2）将所得税费用结转"本年利润"账户，作分录如下：

借：本年利润 215 750.00
　　贷：所得税费用 215 750.00

第2年：

本期所得税额＝［900 000＋18 500＋36 000×40％－12 500＋14 000＋
2 200－(102 000－10 200)］×25％＝211 200(元)

递延所得税负债＝(102 000－10 200)×25％＝22 950(元)

递延所得税资产＝(14 000＋2 200)×25％＝4 050(元)

（1）根据计算结果，确认本年度所得税费用，作分录如下：

借：所得税费用(211 200－2 550＋21 850) 230 500.00
借：递延所得税负债(22 950－25 500) 2 550.00
　　贷：应交税费——应交所得税 211 200.00
　　贷：递延所得税资产(4 050－25 900) 21 850.00

（2）将所得税费用结转"本年利润"账户，作分录如下：

借：本年利润 230 500.00
　　贷：所得税费用 230 500.00

3. 编制中国建设银行静安支行的会计分录如图表题解 14-5 所示。

图表题解 14-5

会 计 分 录

2013年 月	日	凭证号数	摘　要	会 计 科 目	借方金额	贷方金额
11	30	(1)	确认本月所得税额	所得税费用	16 500.00	
				应交税费——应交所得税		16 500.00
		(2)	将"所得税费用"结转"本年利润"	本年利润	16 500.00	
				所得税费用		16 500.00
12	10	(3)	缴纳上月确认所得税额	应交税费——应交所得税	16 500.00	
				存放中央银行款项		16 500.00
	31	(4)	清算本年度应交所得税额	所得税费用(13 800－5 500－1 120)	7 180.00	
				递延所得税负债(16 500－22 000)	5 500.00	
				递延所得税资产(3 200－2 080)	1 120.00	
				应交税费——应交所得税		13 800.00

2013年		凭证号数	摘　要	会　计　科　目	借方金额	贷方金额
月	日					
12	31	(5)	将"所得税费用"结转"本年利润"	本年利润　　　　所得税费用	7 180.00	7 180.00
2014年		(6)	清缴上年度所得税额	应交税费——应交所得税　　　　存放中央银行款项	13 800.00	13 800.00
1	15					

清算本年度应交所得税额的算式：

本年度所得税额＝[840 000＋16 000＋30 500×40％－9 800＋10 800＋

　　　　2 000－(110 000－44 000)]×25％＝201 300(元)

本月所得税额＝201 300－187 500＝13 800(元)

递延所得税负债＝(110 000－44 000)×25％＝16 500(元)

递延所得税资产＝(10 800＋2 000)×25％＝3 200(元)

练习题五　练习利润分配的核算

1. 编制会计分录如图表题解 14-6 所示。

图表题解 14-6

会 计 分 录

2013年		凭证号数	摘　要	会　计　科　目	借方金额	贷方金额
月	日					
12	31	1	提取法定盈余公积、任意盈余公积和一般风险准备	利润分配——提取法定盈余公积 利润分配——提取任意盈余公积 利润分配——提取一般风险准备 　盈余公积——法定盈余公积 　盈余公积——任意盈余公积 　一般风险准备	60 000.00 36 000.00 6 000.00	 60 000.00 36 000.00 6 000.00
		2	提取分配给投资者的利润	利润分配——应付现金股利或利润 　应付股利	432 000.00	 432 000.00
		3	结转"本年利润"账户余额	本年利润 　利润分配——未分配利润	600 000.00	 600 000.00
		4	将"利润分配"各有关明细账户余额结转"未分配利润"明细账户	利润分配——未分配利润 　利润分配——提取法定盈余公积 　利润分配——提取任意盈余公积 　利润分配——提取一般风险准备 　利润分配——应付现金股利或利润	534 000.00	 60 000.00 36 000.00 6 000.00 432 000.00

2. 登记"利润分配——未分配利润"明细账如图表题解 14-7 所示。

图表题解 14-7

利润分配——未分配利润

单位：元

2013 年		凭证号数	摘　要	借　方	贷　方	借或贷	余　额
月	日						
1	1		上年结转			贷	49 600.00
12	31	(略)	本年利润转入		600 000.00		
			提取法定盈余公积转入	60 000.00			
			提取任意盈余公积转入	36 000.00			
			提取一般风险准备转入	6 000.00			
			应付现金股利或利润转入	432 000.00		贷	115 600.00
12	31		本期发生额及余额	534 000.00	600 000.00	贷	115 600.00

第十五章　会计决算与财务报告

判　断　题

一、是非题

1. 对　2. 错　3. 对　4. 错　5. 错　6. 对　7. 对　8. 错　9. 错
10. 错　11. 对　12. 错　13. 对　14. 对　15. 对　16. 错　17. 对　18. 错

二、单项选择题

1. C　2. B　3. B　4. A　5. D　6. A　7. C

三、多项选择题

1. ABC　2. ACD　3. ABCD　4. ACD　5. ABD　6. ACD　7. BCD

练习题一　练习前期差错的更正

1. 编制相关项目的调整分录。

（1）盘盈计算机一台，作分录如下：

借：固定资产	4 800.00
贷：累计折旧	921.60
业务及管理费	3 878.40

（2）冲转多提的固定资产折旧，作分录如下：

借：累计折旧	96 000.00
贷：以前年度损益调整	96 000.00

（3）补计提应交所得税额，作分录如下：

借：以前年度损益调整	24 000.00
贷：应交税费——应交所得税	24 000.00

（4）结转"以前年度损益调整"账户，作分录如下：

借：以前年度损益调整	72 000.00
贷：利润分配——未分配利润	72 000.00

(5) 补提法定盈余公积和任意盈余公积,作分录如下:

借:利润分配——未分配利润　　　　　　　　　　　　　　11 520.00
　贷:盈余公积——法定盈余公积　　　　　　　　　　　　7 200.00
　贷:盈余公积——任意盈余公积　　　　　　　　　　　　4 320.00

2. 财务报表的调整和重述。

新江银行城南支行在列报 2014 年财务报表时,应调整 2014 年资产负债表有关项目的年初余额,利润表及所有者权益变动表的上年金额也应进行调整。

(1) 资产负债表相关项目金额的调整:调增"固定资产"项目年初余额 96 000元,调增"应交税费"项目年初余额 24 000 元;分别调增"盈余公积"项目年初余额和"未分配利润"项目年初余额 11 520 元和 60 480 元。

(2) 利润表项目的调整:调减"营业支出"项目上年金额 96 000 元;分别调增"营业利润"项目和"利润总额"项目上年金额各 96 000 元;分别调增"所得税费用"项目和"净利润"项目上年金额 24 000 元和 72 000 元。

(3) 所有者权益变动表项目的调整:分别调增"前期差错更正"项目中"盈余公积"栏和"未分配利润"栏上年金额 11 520 元和 60 480 元,以及"所有者权益合计"栏上年金额 72 000 元。

练习题二　练习财务报表的编制

编制资产负债表如图表题解 15-1 所示。

图表题解 15-1

资产负债表

编制单位:中国工商银行东方支行　　2013 年 12 月 31 日　　　　　单位:元

资　　产	行次	期末余额	年初余额	负债和所有者权益	行次	期末余额	年初余额
资产:				负债:			
现金及存放中央银行款项	1	8 056 200	7 390 600	向中央银行借款	26	1 846 300	1 785 600
存放同业款项	2	5 921 400	5 383 100	同业及其他金融机构存放款项	27	6 185 000	5 674 000
存放联行款项	3	210 900	157 900	联行存放款项	28		
贵金属	4			拆入资金	29	180 400	176 600
拆出资金	5	8 875 400	8 083 800	交易性金融负债	30		
交易性金融资产	6	369 000	339 000	衍生金融负债	31		

资 产	行次	期末余额	年初余额	负债和所有者权益	行次	期末余额	年初余额
衍生金融资产	7			卖出回购金融资产款	32		
买入返售金融资产	8			吸收存款	33	74 141 090	67 684 740
应收利息	9	338 770	310 620	应付职工薪酬	34	37 600	31 200
应收股利	10			应交税费	35	28 800	25 400
发放贷款和垫款	11	49 965 500	46 061 400	应付利息	36	318 800	303 500
可供出售金融资产	12			应付股利	37	293 760	266 400
持有至到期投资	13	13 014 000	11 968 000	预计负债	38		
长期股权投资	14			应付债券	39		
投资性房地产	15			递延所得税负债	40	17 500	15 000
固定资产	16	1 268 700	1 181 300	其他负债	41	851 600	807 300
无形资产	17	162 800	148 000	负债合计	42	83 900 850	76 769 740
长期待摊费用	18	118 800	132 000	所有者权益：			
递延所得税资产	19	9 000	7 500	实收资本	43	5 180 000	4 880 000
其他资产	20	1 113 200	1 015 100	资本公积	44	32 000	332 000
				减：库存股	45		
				盈余公积	46	174 240	108 960
				一般风险准备	47	11 200	7 120
				未分配利润	48	125 380	80 500
				所有者权益合计	49	5 522 820	5 408 580
资产总计	25	89 423 670	82 178 320	负债和所有者权益总计	50	89 423 670	82 178 320

编制利润表如图表题解 15-2 所示。

图表题解 15-2

利 润 表

编制单位：中国工商银行东方支行　　　　2013 年 12 月　　　　　　　单位：元

项 目	行次	本期金额	本年累计金额
一、营业收入	1	175 980	1 975 080
利息净收入	2	141 710	1 581 000

(续表)

项　　目	行次	本期金额	本年累计金额
利息收入	3	216 110	2 473 000
利息支出	4	74 400	892 000
手续费及佣金净收入	5	3 460	41 700
手续费及佣金收入	6	4 880	58 800
手续费及佣金支出	7	1 420	17 100
投资收益	8	24 200	278 600
其中：对联营企业和合营企业的投资收益	9		
公允价值变动收益(损失以"－"号填列)	10	1 200	9 600
汇兑收益(损失以"－"号填列)	11	2 010	21 280
其他业务收入	12	3 400	42 900
二、营业支出	13	124 480	1 431 160
营业税金及附加	14	9 650	109 230
业务及管理费	15	108 200	1 254 900
资产减值损失	16	6 000	61 000
其他业务成本	17	630	6 030
三、营业利润(亏损以"－"号填列)	18	51 500	543 920
加：营业外收入	19	2 500	25 500
减：营业外支出	20	2 000	24 420
四、利润总额(亏损总额以"－"号填列)	21	52 000	545 000
减：所得税费用	22	13 750	137 000
五、净利润(净亏损以"－"号填列)	23	38 250	408 000
六、每股收益：	24		
(一)基本每股收益	25		
(二)稀释每股收益	26		

编制利润分配表如图表题解 15-3 所示。

图表题解 15-3

利 润 分 配 表

编制单位：中国工商银行东方支行　　　　2013 年度　　　　　　单位：元

项　　　　目	行次	本年金额	上年金额
一、净利润	1	408 000	370 000
加：年初未分配利润	2	80 500	39 800
减：盈余公积补亏	4		
二、可供分配的利润	8	488 500	409 800
减：提取法定盈余公积	9	40 800	37 000
提取一般风险准备	10	4 080	3 700
三、可供投资者分配的利润	16	443 620	369 100
减：应付优先股股利	17		
提取任意盈余公积	18	24 480	22 200
应付普通股股利	19	293 760	266 400
转作资本(或股本)的普通股股利	20		
四、未分配利润	25	125 380	80 500

编制现金流量表如图表题解 15-4 所示。

图表题解 15-4

现 金 流 量 表

编制单位：中国工商银行东方支行　　　　2013 年 12 月　　　　　单位：元

项　　　　目	行次	本期金额	上期金额
一、经营活动产生的现金流量：			
客户存款和同业存放款项净增加额	1	6 967 350	（略）
联行存放款项净增加额	2	−53 000	
向中央银行借款净增加额	3	60 700	
向其他金融机构拆入资金净增加额	4	−787 800	
收取利息、手续费及佣金的现金	5	2 500 150	
收到其他与经营活动有关的现金	6	139 330	
经营活动现金流入小计	10	8 826 730	

（续表）

项　　　目	行次	本期金额	上期金额
客户贷款及垫款净增加额	11	4 089 420	
存放中央银行和同业款项净增加额	12	1 184 300	（略）
支付手续费及佣金的现金	13	893 800	
支付给职工以及为职工支付的现金	14	527 140	
支付的各项税费	15	243 790	
支付其他与经营活动有关的现金	16	662 330	
经营活动现金流出小计	19	7 600 780	
经营活动产生的现金流量净额	20	1 225 950	
二、投资活动产生的现金流量：			
收回投资收到的现金	21	9 380 500	
取得投资收益收到的现金	22	279 600	
收到其他与投资活动有关的现金	23	1 450	
投资活动现金流入小计	25	9 661 550	
投资支付的现金	26	10 432 900	
购建固定资产、无形资产和其他长期资产支付的现金	27	147 000	
支付其他与投资活动有关的现金	28		
投资活动现金流出小计	29	10 579 900	
投资活动产生的现金流量净额	30	−918 350	
三、筹资活动产生的现金流量：			
吸收投资收到的现金	31		
发行债券收到的现金	32		
收到其他与筹资活动有关的现金	33		
筹资活动现金流入小计	35		
偿还债务支付的现金	36		
分配股利、利润或偿付利息支付的现金	37	266 400	
支付其他与筹资活动有关的现金	38		
筹资活动现金流出小计	39	266 400	

（续表）

项 目	行次	本期金额	上期金额
筹资活动产生的现金流量净额	40	−266 400	
四、汇率变动对现金及现金等价物的影响	41	−6 600	（略）
五、现金及现金等价物净增加额	42	34 600	
加：期初现金及现金等价物余额	43	337 600	
六、期末现金及现金等价物余额	44	372 200	
补充资料			
1. 将净利润调节为经营活动现金流量			
净利润	46	408 000	
加：资产减值准备	47	61 000	
固定资产折旧	48	30 200	
无形资产摊销	49	14 400	
长期待摊费用	50	13 200	
处置固定资产、无形资产和其他长期资产的损失（收益以"−"号填列）	51	−1 250	
固定资产报废损失（收益以"−"号填列）	52		
公允价值变动损失（收益以"−"号填列）	53	−9 600	
投资损失（收益以"−"号填列）	54	−278 600	
递延所得税资产减少（增加以"−"号填列）	55	−1 500	
递延所得税负债增加（减少以"−"号填列）	56	2 500	
贷款的减少（增加以"−"号填列）	57	−3 961 600	
存款的增加（减少以"−"号填列）	58	6 456 350	
经营性应收项目的减少（增加以"−"号填列）	59	−2 158 650	
经营性应付项目的增加（减少以"−"号填列）	60	644 900	
其他	61	6 600	
经营活动产生的现金流量净额	62	1 225 950	
2. 不涉及现金收支的重大投资和筹资活动：			
债权转为资本	67		
一年内到期的可转换公司债券	68		

项　　目	行次	本期金额	上期金额
3. 现金及现金等价物净变动情况:			
现金的期末余额	69	232 200	
减：现金的期初余额	70	212 600	
加：现金等价物的期末余额	71	140 000	
减：现金等价物的期初余额	72	125 000	
现金及现金等价物净增加额	73	34 600	

编制现金流量表有关行次数据具体计算如下：

行次 1＝74 141 090＋6 185 000－67 684 740－5 674 000＝6 967 350(元)

行次 2＝157 900－210 900＝－53 000(元)

行次 3＝1 846 300－1 785 600＝60 700(元)

行次 4＝180 400－176 600＋8 083 800－8 875 400＝－787 800(元)

行次 5＝2 473 000＋58 800＋310 620－338 770－3 500＝2 500 150(元)

行次 6＝851 600－807 300＋27 880＋42 900＋24 250＝139 330(元)

行次 11＝49 965 500－46 061 400＋120 000＋7 820＋57 500＝4 089 420(元)

行次 12＝7 824 000－7 178 000＋5 921 400－5 383 100＝1 184 300(元)

行次 13＝892 000＋17 100＋303 500－318 800＝893 800(元)

行次 15＝109 230＋137 000＋1 960＋25 400＋15 000－28 800－17 500＋9 000－7 500＝
243 790(元)

行次 16＝1 113 200－1 015 100－120 000＋1 254 900＋6 030＋24 420－412 000－57 680－
8 240－6 180－28 840－20 600－30 200－1 960－14 400－13 200－7 820＝
662 330(元)

行次 21＝362 000－118 000＋9 268 000－131 500＝9 380 500(元)

行次 22＝9 600＋278 600＋118 200－126 800＝279 600(元)

行次 23＝1 850－400＝1 450(元)

行次 26＝392 000－133 000＋10 314 000－140 100＝10 432 900(元)

行次 27＝76 800＋41 000＋29 200＝147 000(元)

行次 57＝46 061 400－49 965 500－57 500＝－3 961 600(元)

行次 58＝74 141 090－67 684 740＝6 456 350(元)

行次 59＝5 383 100＋157 900＋8 083 800＋310 620＋1 015 100＋7 178 000－5 921 400－
210 900－8 875 400－338 770－1 113 200－7 824 000－3 500＝－2 158 650(元)

行次 60＝1 846 300＋6 185 000＋180 400＋37 600＋28 800＋318 800＋851 600－
1 785 600－5 674 000－176 600－31 200－25 400－303 500－807 300＝
644 900(元)

练习题三　练习财务报表的分析

1. 用比率分析法对财务指标进行分析。

（1）财务状况指标：

$$资本与资产比率＝\frac{5\ 180\ 000＋32\ 000}{89\ 423\ 670}×100\%＝5.83\%$$

$$资本与贷款比率＝\frac{5\ 180\ 000＋32\ 000}{49\ 965\ 500}×100\%＝10.43\%$$

$$存贷款比率＝\frac{49\ 965\ 500}{74\ 141\ 090}×100\%＝67.39\%$$

$$资本风险比率＝\frac{651\ 000}{5\ 180\ 000}×100\%＝12.57\%$$

$$逾期贷款率＝\frac{651\ 000}{49\ 965\ 500}×100\%＝1.30\%$$

$$备付金比率＝\frac{6\ 996\ 000＋111\ 800}{74\ 141\ 090}×100\%＝9.59\%$$

（2）经营成果指标：

$$资本收益率＝\frac{408\ 000}{(4\ 880\ 000＋5\ 180\ 000)÷2}×100\%＝8.11\%$$

$$营业收入净利率＝\frac{408\ 000}{2\ 473\ 000＋58\ 800＋278\ 600＋9\ 600＋21\ 280＋42\ 900}×100\%＝14.15\%$$

$$资产净利率＝\frac{408\ 000}{(82\ 178\ 320＋89\ 423\ 670)÷2}×100\%＝0.48\%$$

$$成本率＝\frac{892\ 000＋17\ 100＋6\ 030＋1\ 254\ 900}{2\ 473\ 000＋58\ 800＋278\ 600＋9\ 600＋21\ 280＋42\ 900}×100\%＝75.24\%$$

（3）现金流量指标：

$$现金流量充分性比率＝\frac{1\ 225\ 950}{1\ 855\ 000－918\ 350＋266\ 400}×100\%＝101.90\%$$

$$营业收入现金流入量率＝\frac{1\ 225\ 950}{2\ 473\ 000＋58\ 800＋278\ 600＋9\ 600＋21\ 280＋42\ 900}×100\%＝65.45\%$$

编制所有者权益变动表如图表题解 15-5 所示。

图表题解 15-5

所有者权

编制单位：中国工商银行东方支行 2013

项　　　目	本　　年			
	实收资本（或股本）	资本公积	减:库存股	盈余公积
一、上年年末余额	4 880 000	332 000		108 960
加：会计政策变更				
前期差错更正				
二、本年年初余额	4 880 000	332 000		108 960
三、本年增减变动金额（减少以"－"号填列）				
（一）净利润				
（二）直接计入所有者权益的利得和损失				
1. 可供出售金融资产公允价值变动净额				
（1）计入所有者权益的金额				
（2）转入当期损益的金额				
2. 现金流量套期工具公允价值变动净额				
（1）计入所有者权益的金额				
（2）转入当期损益的金额				
（3）计入被套期项目初始确认金额中的金额				
3. 权益法下被投资单位其他所有者权益变动的影响				
4. 与计入所有者权益项目相关的所得税影响				
5. 其他				
上述（一）和（二）小计				
（三）所有者投入和减少资本				
1. 所有者投入资本				
2. 股份支付计入所有者权益的金额				
3. 其他				
（四）利润分配				
1. 提取盈余公积				65 280
2. 提取一般风险准备				
3. 对所有者（或股东）的分配				
4. 其他				
（五）所有者权益内部结转				
1. 资本公积转增资本（或股本）	300 000	－300 000		
2. 盈余公积转增资本（或股本）				
3. 盈余公积弥补亏损				
4. 一般风险准备弥补亏损				
5. 其他				
四、本年年末余额	5 180 000	32 000		174 240

益变动表

年度 单位：元

金 额			上 年 金 额						
一般风险准备	未分配利润	所有者权益合计	实收资本（或股本）	资本公积	减:库存股	盈余公积	一般风险准备	未分配利润	所有者权益合计
7 120	80 500	5 408 580	4 680 000	332 000		49 760	3 420	39 800	5 104 980
7 120	80 500	5 408 580	4 680 000	332 000		49 760	3 420	39 800	5 104 980
		408 000							370 000
		408 000							370 000
			200 000						200 000
						59 200			
4 080							3 700		
		293 760							266 400
	44 880							40 700	
11 200	125 380	5 522 820	4 880 000	332 000		108 960	7 120	80 500	5 408 580

2. 用趋势分析法编制比较利润表进行分析。

编制比较利润表如图表题解 15-6 所示。

图表题解 15-6

比 较 利 润 表

编制单位：中国工商银行东方支行　　　2013 年 12 月　　　　　　单位：元

项　　　　目	2010 年实绩	2009 年实绩	增减金额	增减百分比（%）
一、营业收入	1 975 080	1 806 300	168 780	9.34
利息净收入	1 581 000	1 446 300	134 700	9.31
利息收入	2 473 000	2 262 800	210 200	9.29
利息支出	892 000	816 500	75 500	9.25
手续费及佣金净收入	41 700	38 200	3 500	9.16
手续费及佣金收入	58 800	53 900	4 900	9.09
手续费及佣金支出	17 100	15 700	1 400	8.92
投资收益	278 600	254 100	24 500	9.64
公允价值变动收益	9 600	8 780	820	9.34
汇兑收益	21 280	19 420	1 860	9.58
其他业务收入	42 900	39 500	3 400	8.61
二、营业支出	1 431 160	1 310 500	120 660	9.21
营业税金及附加	109 230	99 940	9 290	9.30
业务及管理费	1 254 900	1 151 000	103 900	9.03
资产减值损失	61 000	54 000	7 000	12.96
其他业务成本	6 030	5 560	470	8.45
三、营业利润	543 920	495 800	48 120	9.71
加：营业外收入	25 500	23 300	2 200	9.44
减：营业外支出	24 420	22 500	1 920	8.53
四、利润总额	545 000	496 600	48 400	9.75
减：所得税费用	137 000	124 900	12 100	9.69
五、净利润	408 000	371 700	36 300	9.77

中国工商银行东方支行比较利润表表明,2013 年营业收入比上年增加 168 780 元,增长幅度为 9.34%,而营业收入的增长主要是由于利息净收入比上年增加 134 700 元,增长幅度为 9.31%;投资收益比上年增加 24 500 元,增长幅度为 9.64%。营业利润比上年增加 48 120 元,增长幅度为 9.71%,高于营业收入的增长速度,进一步分析其原因,主要是营业支出上升速度低于营业收入增长速度。营业支出比上年增加120 660元,增长幅度为 9.21%,其中业务及管理费比上年增长 103 900 元,增长幅度仅为 9.03%;资产减值损失比上年增长 7 000 元,增长幅度为 12.96%。利润总额比上年增加 48 400 元,增长幅度为 9.75%。进一步分析,原因为营业外收入比上年增加 2 200 元,增长幅度为 9.44%;营业外支出比上年增加 1 920 元,增长幅度仅为 8.53%,系支出控制合理所致。银行的主要经济指标绝对数和百分比都有较高增长,成本费用的增长速度低于收入增长速度。表明银行的经营情况良好,成本费用控制卓有成效。

测 试 题 一

一、是非题(每小题 1 分,共 10 分)

1. 对　2. 错　3. 错　4. 对　5. 对　6. 错　7. 错　8. 错　9. 错　10. 对

二、单项选择题(每小题 2 分,共 14 分)

1. A　2. D　3. D　4. B　5. C　6. D　7. B

三、多项选择题(每小题 2 分,共 16 分)

1. ABCD　2. BCD　3. AD　4. ACD　5. ABD　6. BC　7. BD　8. ABC

四、分录题(每小题 2 分,共 54 分)

1. 中国工商银行上海市分行静安支行的会计分录。

(1) 借:利息支出　　　　　　　　　　　　　　　　　　　9 000.00
　　　贷:应付利息——1 年期定期存款利息　　　　　　　　　　　9 000.00

(2) 借:吸收定期储蓄存款——整存整取储蓄——张钢　　　60 000.00
　　　借:应付利息——1 年期整存整取储蓄存款利息　　　　1 800.00
　　　借:利息支出　　　　　　　　　　　　　　　　　　　　9.27
　　　贷:库存现金　　　　　　　　　　　　　　　　　　　61 809.27

(3) 借:吸收活期存款——华林公司　　　　　　　　　　　54 297.00
　　　贷:逾期贷款　　　　　　　　　　　　　　　　　　　54 000.00
　　　贷:利息收入　　　　　　　　　　　　　　　　　　　297.00

(4) 借:抵债资产　　　　　　　　　　　　　　　　　　183 000.00
　　　贷:逾期贷款——新光公司　　　　　　　　　　　　180 000.00
　　　贷:应收利息——新光公司　　　　　　　　　　　　2 268.00
　　　贷:营业外收入　　　　　　　　　　　　　　　　　732.00

(5) 借:贴现资产——面值　　　　　　　　　　　　　　150 000.00
　　　贷:吸收活期存款——华声工厂　　　　　　　　　149 325.00
　　　贷:贴现资产——利息调整　　　　　　　　　　　　675.00

(6) 借:资产减值损失——贷款损失　　　　　　　　　　　35 600.00
　　　贷:贷款损失准备　　　　　　　　　　　　　　　　35 600.00

2. 中国工商银行上海市分行长宁支行的会计分录。

（1）借：存放中央银行款项　　　　　　　　　　　　78 000.00
　　　贷：其他应付款　　　　　　　　　　　　　　　　78 000.00

（2）借：吸收活期存款——嘉佳工厂　　　　　　　　90 000.00
　　　贷：汇出汇款——嘉佳工厂　　　　　　　　　　90 000.00

（3）借：汇出汇款——嘉佳工厂　　　　　　　　　　90 000.00
　　　贷：联行来账——宁波支行　　　　　　　　　　87 500.00
　　　贷：吸收活期存款——嘉佳工厂　　　　　　　　2 500.00

（4）借：吸收活期存款——虹桥商厦　　　　　　　　66 000.00
　　　贷：联行往账——绍兴支行　　　　　　　　　　66 000.00

（5）借：吸收信用卡存款——个人卡备用金　　　　　6 000.00
　　　贷：吸收活期存款——虹桥商厦　　　　　　　　5 946.00
　　　贷：手续费及佣金收入　　　　　　　　　　　　54.00

（6）借：联行来账——青岛支行　　　　　　　　　　72 000.00
　　　贷：吸收活期存款——沪光工厂　　　　　　　　72 000.00

（7-1）借：缴存中央银行财政性存款　　　　　　　　58 000.00
　　　　贷：存放中央银行款项　　　　　　　　　　　58 000.00

（7-2）借：存放中央银行款项　　　　　　　　　　　192 000.00
　　　　贷：缴存中央银行一般性存款　　　　　　　　192 000.00

（8）借：存放中央银行款项　　　　　　　　　　　　596 400.00
　　　借：金融企业往来支出——中央银行往来支出　　3 600.00
　　　贷：贴现负债　　　　　　　　　　　　　　　　600 000.00

（9）借：业务及管理费　　　　　　　　　　　　　　1 800.00
　　　贷：累计折旧　　　　　　　　　　　　　　　　1 800.00

（10）借：银行存款　　　　　　　　　　　　　　　　102 897.00
　　　贷：交易性金融资产——成本　　　　　　　　　101 500.00
　　　贷：投资收益　　　　　　　　　　　　　　　　1 397.00

（11-1）借：长期股权投资——成本　　　　　　　　　1 220 000.00
　　　　贷：抵债资产　　　　　　　　　　　　　　　900 000.00
　　　　贷：银行存款　　　　　　　　　　　　　　　320 000.00

（11-2）借：长期股权投资——成本　　　　　　　　　30 000.00
　　　　贷：营业外收入　　　　　　　　　　　　　　30 000.00

（12）借：存放中央银行款项　　　　　　　　　　　　　4 950.00

　　　借：存放同业　　　　　　　　　　　　　　　　　1 710.00

　　　借：联行来账　　　　　　　　　　　　　　　　　1 620.00

　　　借：分行辖内往来　　　　　　　　　　　　　　　2 130.00

　　　　　贷：金融企业往来收入　　　　　　　　　　　10 410.00

（13）借：应付职工薪酬　　　　　　　　　　　　　　156 000.00

　　　　　贷：其他应付款——住房公积金　　　　　　　10 920.00

　　　　　贷：其他应付款——养老保险费　　　　　　　12 480.00

　　　　　贷：其他应付款——医疗保险费　　　　　　　 3 120.00

　　　　　贷：其他应付款——失业保险费　　　　　　　 1 560.00

　　　　　贷：应交税费——应交个人所得税　　　　　　　 380.00

　　　　　贷：库存现金　　　　　　　　　　　　　　127 540.00

（14）借：营业税金及附加　　　　　　　　　　　　　25 038.00

　　　　　贷：应交税费——应交营业税　　　　　　　　23 400.00

　　　　　贷：应交税费——应交城市维护建设税　　　　 1 638.00

（15）本年所得税额＝[720 000＋24 000×40％＋9 000－10 500＋8 400＋75 000－

　　　　　　　　　（120 000－48 000）]×25％＝184 875(元)

　　　本月所得税额＝184 875－161 250＝23 625(元)

　　　递延所得税负债＝(120 000－48 000)×25％＝18 000(元)

　　　递延所得税资产＝(8 400＋75 000)×25％＝20 850(元)

　　借：所得税费用(23 625＋975－3 000)　　　　　　　21 600.00

　　借：递延所得税负债(18 000－21 000)　　　　　　　 3 000.00

　　　　贷：应交税费——应交所得税　　　　　　　　　23 625.00

　　　　贷：递延所得税资产(20 850－21 825)　　　　　　 975.00

（16）借：利润分配——提取盈余公积　　　　　　　　85 944.00

　　　借：利润分配——应付现金股利或利润　　　　　386 748.00

　　　　　贷：盈余公积——法定盈余公积　　　　　　　53 715.00

　　　　　贷：盈余公积——任意盈余公积　　　　　　　32 229.00

　　　　　贷：应付股利　　　　　　　　　　　　　　386 748.00

3. 中国银行上海市分行的会计分录。

（1-1）借：库存现金　　　　　　　　　　　　　　　¥55 890.00

　　　　　贷：货币兑换　　　　　　　　　　　　　　¥55 890.00

（1-2）借：货币兑换　　　　　　　　　　　　　　USD 9 000.00

　　　　　贷：库存现金　　　　　　　　　　　　　USD 9 000.00

（2）借：进出口押汇　　　　　　　　　　　　　USD 36 000.00
　　　　贷：利息收入——押汇利息收入　　　　　　　USD 90.00
　　　　贷：吸收活期存款——外币存款　　　　　　USD 35 910.00

4. 中国人民银行浙江省分行嘉兴支行的会计分录。

（1-1）借：工商银行存款　　　　　　　　　　　　　54 000.00
　　　　　贷：行库往来　　　　　　　　　　　　　　54 000.00

（1-2）借：行库往来　　　　　　　　　　　　　　　54 000.00
　　　　　贷：待报解中央预算收入　　　　　　　　　50 000.00
　　　　　贷：待报解地方预算收入　　　　　　　　　 4 000.00

（2-1）借：待报解中央预算收入　　　　　　　　　　50 000.00
　　　　　借：待报解地方预算收入　　　　　　　　　 2 800.00
　　　　　贷：行库往来　　　　　　　　　　　　　　52 800.00

（2-2）借：行库往来　　　　　　　　　　　　　　　52 800.00
　　　　　贷：联行往账　　　　　　　　　　　　　　52 800.00

（2-3）借：待报解地方预算收入——县级　　　　　　 1 200.00
　　　　　贷：地方财政库款　　　　　　　　　　　　 1 200.00

五、计算题（第 1 题 4 分，第 2 题 2 分）

1. 计算确定下列资料在资产负债表中应填列的项目和金额。

（1）存放联行款项＝8 760 000－7 610 000＝1 150 000（元）

（2）应收利息＝355 000－1 775＝353 225（元）

2. 计算现金流量表中"收取利息、手续费及佣金的现金"项目的金额。

　　收取利息、手续费及佣金的现金＝1 720 000＋62 000＋342 000－376 600－1 883＝1 745 517（元）

测 试 题 二

一、是非题（每小题 1 分,共 10 分）

1. 错　2. 对　3. 错　4. 对　5. 错　6. 错　7. 对　8. 错　9. 对
10. 错

二、单项选择题（每小题 2 分,共 16 分）

1. B　2. D　3. C　4. D　5. B　6. A　7. A　8. B

三、多项选择题（每小题 2 分,共 14 分）

1. CD　2. ACD　3. ABD　4. ABD　5. ACD　6. ABC　7. BC

四、分录题（每小题 2 分,共 50 分）

1. 中国工商银行上海市分行黄浦支行的会计分录。

(1) 借: 利息支出　　　　　　　　　　　　　　　　663.00
　　　贷: 吸收活期存款——上海商厦　　　　　　　　　291.00
　　　贷: 吸收活期存款——大隆工厂　　　　　　　　　372.00

(2) 借: 吸收定期储蓄存款——整存整取储蓄——方芳　　30 000.00
　　　借: 应付利息——1年期整存整取储蓄存款利息　　　900.00
　　　贷: 库存现金　　　　　　　　　　　　　　30 900.00

(3) 借: 存放中央银行款项　　　　　　　　　　1 400 000.00
　　　借: 营业外支出　　　　　　　　　　　　　　25 000.00
　　　贷: 抵债资产　　　　　　　　　　　　　1 355 000.00
　　　贷: 应交税费——应交营业税　　　　　　　　70 000.00

(4) 借: 贴现资产——面值　　　　　　　　　　　118 000.00
　　　贷: 吸收活期存款——康泰公司　　　　　　　116 938.00
　　　贷: 贴现资产——利息调整　　　　　　　　　1 062.00

(5) 借: 资产减值损失——坏账损失　　　　　　　　4 250.00
　　　贷: 坏账准备——应收利息　　　　　　　　　4 250.00

2. 中国工商银行上海市分行静安支行的会计分录。

（1）借：吸收活期存款——光华公司　　　　　　　　47 500.00
　　　贷：存放中央银行款项　　　　　　　　　　　　　47 500.00

（2）借：其他应收款　　　　　　　　　　　　　　　　72 000.00
　　　贷：存放中央银行款项　　　　　　　　　　　　　72 000.00

（3）借：联行往账　　　　　　　　　　　　　　　　　82 800.00
　　　贷：吸收活期存款——鸿翔公司　　　　　　　　　82 800.00

（4）借：吸收活期存款——华声工厂　　　　　　　　　68 000.00
　　　　逾期贷款——华声工厂　　　　　　　　　　　　32 000.00
　　　贷：应解汇款　　　　　　　　　　　　　　　　　100 000.00

（5-1）借：联行往账——无锡支行　　　　　　　　　　8 000.00
　　　　贷：应解汇款——王飞　　　　　　　　　　　　8 000.00

（5-2）借：应解汇款——王飞　　　　　　　　　　　　8 000.00
　　　　贷：库存现金　　　　　　　　　　　　　　　　7 920.00
　　　　贷：其他应付款——手续费　　　　　　　　　　80.00

（6）借：吸收活期存款——华声工厂　　　　　　　　　60 000.00
　　　贷：联行往账——开封支行　　　　　　　　　　　60 000.00

定期代收结算凭证登记簿注明拒付 20 000 元。

（7）借：联行来账——厦门支行　　　　　　　　　　　92 500.00
　　　贷：吸收活期存款——光华公司　　　　　　　　　92 500.00

（8-1）借：存放中央银行款项　　　　　　　　　　　　90 000.00
　　　　贷：缴存中央银行财政性存款　　　　　　　　　90 000.00

（8-2）借：缴存中央银行一般性存款　　　　　　　　　285 000.00
　　　　贷：存放中央银行款项　　　　　　　　　　　　285 000.00

（9）借：吸收活期存款——华声工厂　　　　　　　　　180 000.00
　　　贷：存放同业——中行上海分行　　　　　　　　　180 000.00

（10）借：清算资金往来——同城票据清算　　　　　　　50 000.00
　　　　贷：存放中央银行款项　　　　　　　　　　　　50 000.00

（11）借：交易性金融资产——成本——华欣公司股票　　78 000.00
　　　借：应收股利——华欣公司　　　　　　　　　　　2 000.00
　　　借：投资收益　　　　　　　　　　　　　　　　　320.00
　　　贷：银行存款　　　　　　　　　　　　　　　　　80 320.00

（12）借：应收股利——津滨公司 25 000.00
      贷：长期股权投资——成本——津滨公司 10 000.00
      贷：投资收益——股利收入 15 000.00

（13）借：金融企业往来支出 12 000.00
      贷：存放中央银行款项 5 100.00
      贷：存放同业 2 700.00
      贷：联行往账 2 400.00
      贷：分行辖内往来 1 800.00

（14）借：业务及管理费——职工福利费 21 000.00
    借：业务及管理费——养老保险费 4 500.00
    借：业务及管理费——住房公积金 10 500.00
      贷：应付福利费 21 000.00
      贷：其他应付款——养老保险费 4 500.00
      贷：其他应付款——住房公积金 10 500.00

（15）借：资本公积 300 000.00
    借：盈余公积 60 000.00
      贷：实收资本 360 000.00

（16）本年所得税额＝[660 000＋22 000×40％＋6 000－9 000＋8 100＋
      72 500－(110 000－44 000)]×25％＝170 100(元)

    本月所得税额＝170 100－148 750＝21 350(元)

    递延所得税负债＝(110 000－44 000)×25％＝16 500(元)

    递延所得税资产＝(8 100＋72 500)×25％＝20 150(元)

    借：所得税费用(21 350－2 750－100) 18 500.00
    借：递延所得税资产(20 150－20 050) 100.00
    借：递延所得税负债(16 500－19 250) 2 750.00
      贷：应交税费——应交所得税 21 350.00

（17）借：利润分配——提取一般风险准备 4 899.00
    借：利润分配——应付现金股利或利润 352 728.00
      贷：一般风险准备 4 899.00
      贷：应付股利 352 728.00

3. 中国银行上海市分行的会计分录。

（1）借：应收开出信用证款项 USD 80 000.00
      贷：开出信用证 USD 80 000.00

（2-1）借：开出信用证　　　　　　　　　　　　　　　USD 80 000.00
　　　　贷：应收开出信用证款项　　　　　　　　　　USD 80 000.00

（2-2）借：吸收活期存款——华安公司　　　　　　　　￥496 800.00
　　　　贷：货币兑换　　　　　　　　　　　　　　　　￥496 800.00

（2-3）借：货币兑换　　　　　　　　　　　　　　　　USD 80 000.00
　　　　贷：港澳及国外联行往来　　　　　　　　　　USD 80 000.00

4. 中国人民银行有关分（支）银行的会计分录。

（1-1）借：库存现金　　　　　　　　　　　　　　　　180 000.00
　　　　贷：发行基金往来　　　　　　　　　　　　　　180 000.00

（1-2）借：工商银行存款　　　　　　　　　　　　　　180 000.00
　　　　贷：库存现金　　　　　　　　　　　　　　　　180 000.00
　　　　付：发行基金——本库户　　　　　　　　　　　180 000.00

（2-1）借：联行来账　　　　　　　　　　　　　　　　 52 800.00
　　　　贷：行库往来　　　　　　　　　　　　　　　　 52 800.00

（2-2）借：行库往来　　　　　　　　　　　　　　　　 52 800.00
　　　　贷：待报解中央预算收入　　　　　　　　　　　 50 000.00
　　　　贷：待报解地方预算收入　　　　　　　　　　　　2 800.00

五、计算题（第 1 题 2 分，第 2 题 4 分）

1. 选用双倍余额递减法或年数总和法计算小汽车各年的折旧额。

用双倍余额递减法计算小汽车各年的折旧额如图表测试题解 1-1 所示。

图表测试题解 1-1

双倍余额递减法折旧额计算表

金额单位：元

年　次	年初固定资产净值	双倍直线折旧率（%）	折旧额	累　计折旧额	年末固定资产净值
1	90 000	50	45 000	45 000	45 000
2	45 000	50	22 500	67 500	22 500
3	22 500	—	9 000	76 500	13 500
4	13 500	—	9 000	85 500	4 500

用年数总和法计算小汽车各年的折旧额如图表测试题解 1-2 所示。

图表测试题解 1-2

年数总和法折旧额计算表

金额单位：元

年　次	原始价值减净残值	尚可使用年数	折旧率	折旧额	累计折旧
1	85 500	4	4/10	34 200	34 200
2	85 500	3	3/10	25 650	59 850
3	85 500	2	2/10	17 100	76 950
4	85 500	1	1/10	8 550	85 500

2. 计算确定在资产负债表中应填列的项目和金额。

（1）发放贷款和垫款＝9 810 000＋18 550 000＋16 220 000＋560 000－406 260＝
44 733 740（元）

（2）其他资产＝151 100＋980 000－5 880＝1 125 220（元）